Historiês

希罗多德《历史》
描述历史的均衡

[日] 中务哲郎 著
杨清淞 译

Simplified Chinese Copyright © 2023 by SDX Joint Publishing Company.
All Rights Reserved.
本作品简体中文版权由生活·读书·新知三联书店所有。
未经许可，不得翻印。

HERODOTOSU, *REKISHI*: SEKAI NO KINKO O EGAKU
by Tetsuo Nakatsukasa
© 2010 by Tetsuo Nakatsukasa
Originally published in 2010 by Iwanami Shoten, Publishers, Tokyo.
This simplified Chinese edition published 2023
by SDX Joint Publishing Co., Ltd., Beijing
by arrangement with Iwanami Shoten, Publishers, Tokyo

图书在版编目（CIP）数据

希罗多德《历史》：描述历史的均衡／（日）中务哲郎著；
杨清淞译 . —北京：生活·读书·新知三联书店，2023.1
（古典新读）
ISBN 978 – 7 – 108 – 07448 – 5

Ⅰ.①希… Ⅱ.①中… ②杨… Ⅲ.①希罗多德（约前 484- 前 425）–
史学思想 – 研究 Ⅳ.① K095.45

中国版本图书馆 CIP 数据核字（2022）第 086825 号

责任编辑	陈富余
装帧设计	薛　宇
责任印制	宋　家
出版发行	生活·讀書·新知 三联书店
	（北京市东城区美术馆东街 22 号　100010）
网　　址	www.sdxjpc.com
图　　字	01-2017-6500
经　　销	新华书店
印　　刷	河北鹏润印刷有限公司
版　　次	2023 年 1 月北京第 1 版
	2023 年 1 月北京第 1 次印刷
开　　本	850 毫米 × 1168 毫米　1/32　印张 6.25
字　　数	118 千字
印　　数	0,001 – 5,000 册
定　　价	45.00 元

（印装查询：01064002715；邮购查询：01084010542）

攀爬柴火堆的克洛伊索斯

吕底亚国王克洛伊索斯求得"如果进攻波斯人,便有一个大帝国会毁灭"的阿波罗神谕,与波斯举行战争,最终战败并导致自己的国家灭亡。克洛伊索斯被处以火刑。但他在柴火烧旺时向阿波罗祈祷,马上天降大雨扑灭了大火。《历史》第一卷·86)在巴库利德斯的《祝胜歌》(也作《胜利颂歌》)第三段当中,战败的克洛伊索斯与妻子和女儿们自发登上柴火堆企图自杀,却被宙斯和阿波罗所救(参照第106页)。阿提卡,公元前500—前490年前后,现藏于卢浮宫。© RMN/Hervé Lewandowski/AMF/amanaimages

一、对希罗多德的《历史》引用均出自松平千秋的译本（上·中·下，岩波文库，1971—1972年），唯有一部分序文的译文为笔者的自译（见本书第25页）。

二、其他作品由笔者翻译，部分借鉴已存译文的，均注明译者名。

三、有关卷、章、节、行数的表记，涉及希罗多德的《历史》时会省略书名而直接表记卷数，其他作品则仅表记数字。

（例）希罗多德，第一卷·30

荷马《伊利亚特》一·200　　修昔底德《历史》一·21

四、引文中的〔 〕为笔者的注记。

目 录

前　言　/ 1

第一部
书籍的旅行——历史学家是如何锻造而成的

第一章　锻造历史学家之物　／ 11
第二章　方法、旅行及收集口头传承　／ 47
第三章　对希罗多德之评价的变迁　／ 76

第二部
畅游于作品的世界——将世界视为统一整体的《历史》

第一章　主题与构思　　/ 99
第二章　口头传承的收集与《历史》的主题　　/ 124
第三章　从世界的均衡到车轮观　　/ 145

后　记　/ 170
参考文献　/ 174

前　言

"历史之父"的含义

"历史之父希罗多德"这一说法通过世界史教科书等作为一个习语广为传播，想必有不少人还知道这个词始出于古罗马文人、政治家西塞罗（公元前106—前43年）。但若重新审视这个词出现的文脉，则会发现难以判断西塞罗是在赞扬希罗多德还是在贬低他。西塞罗被其弟问到书写历史与作诗时所应遵守的法则是否不同时，做出了如下回答——

> 当然了，昆图斯。历史的判断基准是全部遵从事实，而诗歌的判断基准则是快乐与愉悦。即使如此，历史之父希罗多德和塞奥彭普斯也创作了许多故事。
>
> ——西塞罗《论法律》1·5（冈道男译本）

西塞罗在其他作品（《论占卜》2·116）中也对希罗多德进行了批判。他认为吕底亚王克洛伊索斯收到戴尔波伊的神托（参照第 106 页）是希罗多德所捏造的。当时普遍认为"希罗多德是说谎者"，这从上述认为历史之父的作品充满虚构故事（fabula）的言论中可见一斑。

那么，"历史之父"（pater historiae）这一词语到底具有什么样的含义呢？公元前 63 年，由于及时粉碎了喀提林的阴谋，西塞罗获得了"救国英雄·祖国之父"（pater patriae）的称号，而且他本人也十分喜欢这个称号，所以"历史之父"应该也不是贬义的。这个"父"的意思，应该和凯末尔被授予姓氏"Atatürk"（阿塔图尔克）即"土耳其之父"、莫罕达斯·甘地被敬称为"印度独立之父"的"父"是一样的。

但是，英国著名古代史学家德·圣·克鲁瓦（G. E. M. de Ste. Croix）在演讲中曾经以开玩笑的形式说过，在希罗多德的下一代才诞生了真正意义上的历史学家，所以在这层意义上他是历史之父。所谓的下一代是指修昔底德（公元前 460 年前后—前 400 年前后）。可以将修昔底德视为希罗多德的后继者，但需要注意的是，他是从批判希罗多德出发的，限定地域和时代，仅对伯罗奔尼撒战争进行了记述。希罗多德的书写态度是将想象延伸到人类居住世界的尽头，极力追溯记录与流传言说的源头，描述范围涵括人类世界和自然世界的森罗万象。但在他之后并未出现这种书写态度的继承者。

历史记述的两大流派

一般认为,古代历史记述的经典之作,即最具模仿价值的作品分别是希罗多德的《历史(希腊波斯战争史)》、修昔底德的《历史(伯罗奔尼撒战争史)》和色诺芬的《希腊史》。哈利卡尔那索斯的狄奥尼修斯(活跃于公元前25年前后)曾经对希罗多德和修昔底德的《历史》从主题和文体上进行了比较评论,认为这两人是卓绝非凡的。但是两人在后世所得到的待遇却有天壤之别。

希罗多德之前无历史学家,《历史》之后无类似书籍。希罗多德的《历史》写到雅典军攻陷波斯军盘踞的北方城市要塞塞斯托斯的公元前479年就搁笔了,而修昔底德的《历史》第一卷"五十年史"则从这一年开始。从这层意义上来说,二人之间存在连续性,但二人的主题与方法却大相径庭。从宏大的视野和杂学性的内容层面继承希罗多德衣钵的,反而是下个世纪的两人。

希俄斯岛的塞奥彭普斯[1](公元前4世纪)是辩论家伊索克拉底(公元前436—前338年)的弟子,据传他在写下超过三万行的辩论作品之后转向历史记述,著有《希罗多德概要》两卷。若这是事实,可以将这看作他继承希罗多德流历史书写的一种修炼,但据说这部作品其实是他的其他著作的一部分。一般认为,他之后的主要著作《腓力史》(58卷,散佚)以亚历山大大帝之父腓力二世的登基至去世(公元前359—前336年)为大框架,其中有大量的神话和民族志类的杂谈。《腓力史》当中甚至还记载了如下这般令人惊异的故事。

---

[1] 前378年前后—?。古希腊历史学家,主要著作有涉及公元前411—前394年历史的《希腊史》12卷及其他,均已失散,仅残存片段。

欧罗巴、亚细亚与利比亚都是岛屿，俄刻阿诺斯[1]〔大洋〕环绕这三大岛而流淌，只有在被俄刻阿诺斯所围绕的这个世界外侧才是大陆。大陆无限之大，栖息着众多巨大的生物，且在那里生活的人类也比这个世界的人大两倍，寿命也比我们长一倍。……有两座最大的都市，它们外形迥异，一座被称为"好战国"（Machimos），一座被称为"敬虔国"（Eusebes）。敬虔国的居民过着富饶和平的生活，可以不用犁和牛就收获粮食，因此不用耕田和播种。他们终生都不会生病，一直享受快乐愉悦的生活。……在其对面的大陆上有一个叫梅洛皮斯（Meropis）人的部族，他们建造了很多宽阔的城市来居住，在他们领土的尽头有一个叫"不归乡"（Ληostos）的地方。那里像是一个张着大口的深渊，既不是一片黑暗，也没有任何光照，而是被一片暗红色的雾霭笼罩着。在它周边流淌着两条河流，一条叫"快乐川"，一条叫"痛苦川"，河岸上长满了梧桐巨树般高大的树木。痛苦川的河岸上的树结出的果实具有一种特性，能让吃了果实的人不断流泪，悲叹余生，最终痛苦致死。而长于快乐川河岸上的树结出的果实却具有完全相反的特性。吃了这种果实的人能舍弃至今为止怀有的所有欲望，甚至忘记心爱之人，慢慢地变年轻，追溯至今为止的过去的岁月，从老年回到壮年，回到青年，再回到少年，最后变回胎儿，不久就会消失不见了。

——埃里亚努斯《杂闻轶事》[2] 三·18

---

[1] 希腊神话中的一个提坦巨神，大洋河的河神。所谓大洋河是希腊人想象中环绕整个大地的巨大河流，代表了世界上的全部海域。亦称欧申纳斯。——本书脚注如无特别注明，均为译者注
[2] 日文译作《希腊奇谈集》。

西塞罗虽然评论说"希罗多德和塞奥彭普斯（的作品中）都有无数的不实之故事"，但笔者认为这是希罗多德也不会记录的奇谈。

还有一人是库梅的埃福罗斯（公元前405年前后—前330年）。波利比乌斯（公元前200年前后—前118年前后）曾写下长达40卷的《历史》，其意图在于探明罗马在短短五十多年的时间内称霸地中海的原因。他认为，虽然有很多历史学家声称自己写的"整体史"（ta katholou）成了超越前人的伟业，但真正写出了"整体史"的只有埃福罗斯一人，且是第一人（《历史》五·33·1）。由于不知道一卷的长度，所以不好单纯地进行比较，不过与希罗多德所著的9卷相比，埃福罗斯的《历史》有30卷，内容也涵盖甚广。从被推断为是赫拉克勒斯的后裔之回归的多利亚人进攻巴尔干半岛（公元前1069年）到腓力二世包围佩林索斯（公元前1世纪），不仅讲述了希腊的事情，也涉及了东方的其他民族。埃福罗斯的《历史》被之后西西里岛的狄奥多罗斯（公元前1世纪）、斯特拉波（公元前64年前后—公元21年前后）、普鲁塔克[1]（公元50年前后—120年前后）等人的诸多史书参考引用，但由于该书稿失散，无法与希罗多德的《历史》进行对比研究，实属遗憾。

虽无法确认塞奥彭普斯和埃福罗斯对希罗多德到底有多少继承，但继承修昔底德的历史学家至少出现了三人。伯罗奔尼撒战争（公元前431—前404年）刚刚爆发，修昔底德就预见到这会发展为一场卷入希腊人与非希腊人的前所未有的大型战争，于是

[1] 罗马时代的希腊作家，以纪传体史书《比较列传》一书闻名，该书在国内多被译为《希腊罗马名人传》。

马上执笔记录（《历史》一·1），但是他的去世使得记述中断在公元前411年。不过，因《回忆苏格拉底》和《长征记》闻名的多产作家色诺芬（公元前430年前后—前355年前后）继承了修昔底德按照每年夏天和冬天记述事件的编年体，续写了从公元前411年至曼提尼亚战役（公元前362年）的《希腊史》。被称为"俄克喜林库斯的希腊史"的片段是出土于尼罗河西岸的小城俄克喜林库斯的纸莎草书古卷中的一部分，它所记载的也是与色诺芬相同的时期。之前提到的塞奥彭普斯也是修昔底德的继承者之一，他写的《希腊史》（散佚）结束在象征斯巴达霸权终结的克尼多斯海战（公元前394年）。这三部《希腊史》都明确表现出继承修昔底德意志的区域史特征。

再次回到"历史之父"

修昔底德之后的历史记述的主流是限定时代与地域的历史，而在世界史、整体史领域也并不是像希罗多德那般自己进行旅行收集材料，而是对已有的诸著作进行再解释和编辑。不仅如此，因近代历史学鼻祖兰克的影响，修昔底德被尊为最伟大的历史学家并成为典范，政治史、外交史、军事史也被认为是历史记述的主流。生物学、考古学、民族学、民俗学、宗教学、社会学等在近代诞生的诸多学派视角的观察融入历史记述之中是进入20世纪之后发生的。从这层意义上来看，也有说法认为希罗多德是到了现代才成为"历史之父"的。

有解释认为,历史是"历"(军事行动中的经历、经过的时间与场所)和"史"(祭祀的记录)的结合,因此是"过去的变迁的记录"(白川静《字通》),但与此对应的希腊语 historia(伊奥尼亚方言中为 historie)却并不是一开始就具备"过去的记录"的含义的。动词 historein 大意为"询问、调查、探究",若遵照词语原意,希罗多德的书名"historie"则应为"探究"之意。世界的形成、大地的形状、王室的谱系、人体及疾病等,所有进行探究的行为和通过探究所得到的知识全都是 historie。而这个词作为"过去发生之事的记录"的意义被确定下来应为公元前 4 世纪之后。亚里士多德(公元前 384—前 322 年)曾就历史学家与诗人的不同做出论述,他认为二者的不同点在于描述的是已发生的事情还是可能发生的事情。

所以,诗(poiesis)是一种比历史更富哲学性、更严肃的艺术,因为诗倾向于表现带普遍性的事,而历史却倾向于记载具体事件。[1]

——《诗学》1451b

"historie"一词虽说首出于希罗多德,但在一百年之后亚里士多德的时代,这个词成了表示"探究,特指对过去之事的探究的记录"之意的专业用语,不得不说希罗多德的著作在其中做出了巨大的贡献。

---

[1]《诗学》,[古希腊]亚里士多德著,陈中梅译,商务印书馆,1996 年,第 81 页。

那么，又是什么促使希腊人做出这般历史研究的呢？世界上不同的民族各有不同的发展状况，有的是从讲述天地开辟与人类诞生的神话演变至历史，有的是王族的谱系及帝室的年代记发展成为历史，有的则是从对日月运行的观测延伸出历史，而希腊人的历史意识的诞生或许是因为他们有两次与异民族抗争的经验。第一次即是广为流传的特洛伊战争（公元前13世纪）故事，其成为叙事诗《伊利亚特》的素材。荷马在《伊利亚特》当中讴歌了人类的悲哀与崇高，引发何为人的思考。第二次是在公元前5世纪初爆发的希腊波斯战争，正是这场战争促使希罗多德写下了《历史》一书。希腊人以与异民族的战争为契机，打磨对自身与世界的认识，开拓了历史研究的领域。

第一部

书籍的旅行——历史学家是如何锻造而成的

第一章 | 锻造历史学家之物

希罗多德的《历史》是世界上最为古老且篇幅最长的散文作品。比它创作时期更早的两部作品——被视为荷马所著的叙事诗《伊利亚特》和《奥德赛》（公元前 8 世纪末）都是韵文，长度分别超过一万五千行、一万二千行。如此长的叙事诗在不依靠文字助力的情况下被创作出来，实在是令人惊异不已。幸而得益于当代进行的有关民族叙事诗与口头传承诗的比较研究，许多韵文特有的作诗技巧得以揭露，也逐渐让人明白这两部叙事诗是如何成立的。与此相比，在希罗多德所活跃的公元前 5 世纪中期，虽说字母被发明出来已有三个世纪之久，但普遍认为在当时的希腊社会，比起文字和书籍，还是记忆和口头传承更加普遍。在这种时代背景下，希罗多德是如何创作出内容如此丰富浩瀚的作品的呢？此事尚有诸多不明之处。

希罗多德最大的武器就是旅行及探听调查，但可想而知当时的乘船出行、骑驴骑马乃至徒步旅行都远不如现在这般安全快捷。在《历史》（第一卷·23）中就描述了在意大利靠着表演竖琴与歌曲而致富的阿利昂（公元前600年前后）在前往科林斯[1]的归途中遭遇海盗的事情（参照第52—53页）。如此漫长的旅行，希罗多德是如何得到足以支撑下去的资金的呢？况且，调查旅行的各地并非都有图书馆和公文书馆可供其自在地查阅资料。再者，他在探听的时候有即时做笔记和记录吗？毕竟当时纸莎草纸十分罕见，而羊皮纸则太占地方。光是这些细节问题就让人十分在意。但现在不能停留在这些细节问题上，下面我们来关注一些重要的问题。

在文学史上，某一文体的诞生时期出现这一文体下最高杰作的事情时有发生。从叙事诗来看有荷马的《伊利亚特》和《奥德赛》，从历史类来看有司马迁的《史记》与希罗多德的《历史》。希罗多德虽被称为历史之父，但这位"父亲"必定不是无父母之人，因此我们可以考察孕育出《历史》的各种要素。若要列举这些要素，首先必然有希罗多德出生成长之地之文化的多样性。其次即是追求惊奇之事并探寻原因的广阔旅途。希罗多德对荷马的亲炙也大大影响了他的文体和描述技巧。再次，伊奥尼亚地区的散文作家给希罗多德提供了诸多情报，而且在该地十分发达的自然科学和医学研究所具备的探究精神正是他诸项活动的原动力。不仅如此，壮年的希罗多德曾访问了黄金时代的雅典，他在那里接触了当时顶端的智慧，这也赋予了《历史》一定的深度。以下将逐个分析造就希罗多德成为历史学家的这些要素。

---

[1] 位于伯罗奔尼撒半岛的东北，临科林斯湾，是希腊本土和伯罗奔尼撒半岛的连接点，同时又是穿过萨罗尼科斯和科林西亚湾通向伊奥尼亚海的航海要道。

生平

希罗多德在著作中时常会提到"去了哪儿,看到了什么,我认为是什么样",毫不隐瞒"我"的存在,但他又完全不提及自己的经历和私生活,所以他的出生、去世、去世地点等情况有诸多不明之处。在此,作为探求他的传记式事迹的起点,笔者想引用10世纪编撰的文学百科事典《苏达辞书》中的"希罗多德"一项。

希罗多德 吕克瑟司与德律欧之子,哈利卡尔那索斯人。出身名门,有一兄弟铁奥多洛斯。由于反对从阿尔泰米西亚算起的哈利卡尔那索斯第三位僭主吕戈达米斯而被迫移居萨摩司岛。即是说阿尔泰米西亚之子是匹信德里斯,其子是吕戈达米斯。希罗多德在萨摩司岛学会了伊奥尼亚方言,并从波斯国王居鲁士和吕底亚国王坎道列斯写起,著成了由九卷组成的《历史》一书。其后,他回到哈利卡尔那索斯赶跑了僭主,但随后得知自己受到市民们的嫉妒再次背井离乡,自发前往成为雅典人殖民地的图里伊,最后在该地去世,被埋葬于广场。另有说法认为,他死于佩拉(北方马其顿的都城)。《历史》各卷的标题均为缪斯女神的名字。

并且,在《苏达辞书》中的帕尼亚西斯(Panyassis)一项当中有记载,希罗多德有一位名为帕尼亚西斯的叔叔(一说表兄弟),据传是仅次于荷马的叙事诗人,但遭到僭主吕戈达米斯杀害。

哈利卡尔那索斯是小亚细亚西南部卡利亚地区的城市，相当于现代的土耳其共和国博德鲁姆地区。卡利亚地区原本是使用印欧语言的非希腊人聚居地，但在公元前900年左右，多利亚系的特洛艾森建立起哈利卡尔那索斯这座城市，且这座城市在公元前5世纪左右被融入伊奥尼亚文化圈，所以该地区的语言层层重叠——基层为卡利亚语，其上有希腊语的多利亚方言，然后是伊奥尼亚方言。希罗多德母亲的名字"德律欧"是希腊语，他父亲的名字"吕克瑟司"、叔叔的"帕尼亚西斯"、僭主的"吕戈达米斯"都是卡利亚语系的名字，因此可以推测希罗多德可能是一位混血。

阿尔泰米西亚是哈利卡尔那索斯的独裁者，在公元前480年跟随波斯国王薛西斯[1]远征希腊，并由于在萨拉米斯海战中的表现被称赞为女中豪杰。就连遭到吕戈达米斯驱逐的希罗多德都表示，僭主吕戈达米斯的祖母阿尔泰米西亚实在是一位令人赞叹不已的人物（第七卷·99）。

萨摩司岛位于哈利卡尔那索斯的西北方，是个距离陆地不超过两千米的大岛，但若说希罗多德是在此地"学会了伊奥尼亚方言"，却并非如此。因为在希罗多德出生时，他的故乡就早已是伊奥尼亚方言所覆盖的区域了。《苏达辞书》当中还有一项不准确之处，即没有提及希罗多德在雅典的滞留和范围广阔的壮大旅途。

"他回到哈利卡尔那索斯赶跑了僭主"所指大约应该在公元

---

[1] 本书引用的商务印书馆1997年版《历史》（王以铸译）译作克谢尔克谢斯，当下多译作薛西斯，本书采用此译法。另外，对本书引文中的非常用译名，在引用时均根据规范译名做了调整，后不一一标注。——编者注

前454年之前的一段时间。因为正是在公元前454年,打倒僭主的哈利卡尔那索斯加入了民主主义阵营的提洛同盟[1]。

希罗多德在雅典滞留的事实可以被证实。首先他目睹了在波斯战争中受到战火洗礼、残存下来的卫城城墙(第五卷·77),其次还有如下内容的记载——"历史学家希罗多德给雅典人朗读书籍,获得了评议会的嘉奖"(优西比乌《编年史》[2]公元前445—前444年的条目,参照普鲁塔克《论希罗多德的恶意》)。从《苏达辞书》的词条来看,希罗多德好像是从哈利卡尔那索斯前往图里伊的,但是从雅典出发才应该更符合情理。

图里伊是公元前444/前443年在雅典人的主导下于南意大利的足弓区域[3]建立起来的殖民地。伯里克利[4](公元前495年前后—前429年)委托著名的智辩家普罗泰戈拉起草这座新城市的宪法。希罗多德的《历史》当中虽然未曾出现图里伊的名称,但相传他曾与众多文化人一起参与到了这项殖民事业当中。若设想这大约是希罗多德生涯中鼎盛时期(akme),即四十岁左右时的事情,则可推算出他的诞生之年为公元前484年前后。

《苏达辞书》中虽提到希罗多德殁于马其顿的佩拉一说,但尚未有能证明的史料,因此关于他的去世年份也仅能做一番推测。《历史》中所记载的最后的事件是说在希腊罗马战争中,斯巴达与科林斯的使臣为了交涉军用资金一事,在前往波斯国王之

[1] 由雅典领导、成立于公元前478年的一个希腊诸多城邦联盟,主要是为了对抗当时侵入希腊的波斯帝国。
[2] 被推测为活跃于公元4世纪前后的教父,著有《教会史》等,被一部分人称为"基督教史之父"。
[3] 即地图上看类似于脚心形状的那块地区。
[4] 雅典黄金时期(希波战争至伯罗奔尼撒战争时期)具有重要影响的领导人、政治家,大力发展雅典民主政治。

处的途中遭人背叛从而被杀（第七卷·137）。这个事件在修昔底德的《历史》（二·67）中有详细记载，标记为公元前430年夏末之时，所以可以得知此时希罗多德尚活着。而这年6月之后，一场大瘟疫袭击了雅典，但希罗多德却对此只字未提，实在是令人费解。由于没有确切的资料证实，也只能大致推测希罗多德生于公元前484年前后，于公元前430年之后不久即去世。

由这些简略的生平来想象希罗多德的人格是如何形成的也是一件趣事。他的出生地哈利卡尔那索斯早就被包含于伊奥尼亚文化圈内，而伊奥尼亚地区可谓是希腊接触东方先进文明的窗口，也是荷马创作叙事诗的地方和哲学诞生之地。想必当时在城市里既可以听到希腊语，也可以听到卡利亚语，还应该能常见到作为支配者的波斯人。定是在这种氛围中，培育起了后世历史学家对不同文化的感受力和公平的视角。少年希罗多德想来应是好奇心旺盛、喜欢提问题的，他的叔叔帕尼亚西斯可能给他读过荷马的叙事诗和自己写的《赫拉克勒斯的故事》。他不仅出身于名门，也参与了打倒僭主的政变，这应该使他具备了敏锐的政治嗅觉。他逃往的萨摩司岛在公元前6世纪后半期，在僭主波律克拉铁斯的带领下因爱琴海海战称霸一方，还从希腊各地礼聘了众多有名的诗人与建筑家。那时建成的三大壮举——打通水路的巨大隧道、筑于海中的防波堤、世界最大的赫拉神殿——在希罗多德的时代也是能亲眼见到的（第三卷·60），想必这些雄伟事业触动了希罗多德对未知的事物和令人惊异的事物的关心。希罗多德对旅行的憧憬应该也与此有关，有关这一点将在下一章中详叙。

亲炙于荷马

色诺芬的《会饮》是为了与柏拉图的《会饮》一较高下而被创作出来的对话体作品,其中谈及了这么一件事情。一位名为卡里阿斯的年轻人说荷马教给了他与人类有关的所有事情,包括家族事务处理、民众指导、用兵、战车操纵乃至如何吃洋葱,而且他非常自豪地声称自己能背诵《伊利亚特》和《奥德赛》(《会饮》四·6及三·5)。虽说这算是比较极端的例子,但荷马被普遍认为是希腊人的教师,那么文化人熟知荷马也是理所应当的。即使是在《理想国》中主张驱逐诗人的柏拉图,也在其所有作品中引用荷马的诗句超过一百次,而希罗多德言及荷马之处也是非常多的。

当叙阿格罗斯听到这话的时候,再也忍耐不住,就说:"诚然,如果佩洛普斯的儿子阿伽美姆农知道,斯巴达人的统帅权被盖隆和他手下的西拉库赛人夺去的话,他是会大声悲叹的。"[1]

——第七卷·159

巨大的悲伤袭击了阿开奥斯人。老战车将士佩琉斯都会大声悲叹吧。

——《伊利亚特》七·124-125

---

[1] 本书《历史》的译文参考王以铸译本(商务印书馆,1997年),部分内容依据日文译文略有修改。此后不一一标注。

希罗多德借用了《伊利亚特》中的一行，只是把主语的"老战车将士佩琉斯"变成了荷马语调的"佩洛普斯的儿子阿伽美姆农"。

以解析原典的最佳读解为目标的文本批评[1]这一学问是公元前3世纪在亚历山大港的博学院（学问所）和图书馆兴起的，而希罗多德对荷马的文本批评则要更早。《伊利亚特》所描述的是特洛伊王子帕里斯抢夺了斯巴达的王妃海伦和财宝回国，而为了夺回海伦，希腊大军进攻特洛伊的故事。但这个故事另有一个版本，即帕里斯带回来的海伦是神用云做出来的幻象（eidolon，替身，日语可写作"似姿"），真正的海伦被留在了埃及。这个版本的最古老的出典是抒情诗人斯特西克鲁斯（公元前6世纪前期），据说他"批评荷马（在创作上）设定为在特洛伊的不是海伦的幻象而是本人"（残篇193 Page）。这位斯特西克鲁斯也有个颇有意思的传说，据说他因为创作了一首诗而遭到来自海伦的神罚，失明了。这首诗的主旨是这样的："有一次，廷达瑞俄斯[2]给诸神供奉祭祀，但唯独忘了阿芙洛狄特的份儿。为此女神十分生气，便令廷达瑞俄斯的女儿们〔海伦和克吕泰涅斯特拉〕结婚多次，成为不断舍弃丈夫的女子。"（残篇223 Page）失明之后，他马上重新写了一首诗，大意为"刚才所言并不属实，你既没有乘船离去，也没有进入特洛伊城"，写完之后他马上就恢复了视力。（柏拉图《斐德罗》243A）

欧里庇得斯（公元前485年前后—前406年）的悲剧《厄勒克特拉》和《海伦》便是以这个版本的传说为前提创作的，

---

[1] 又称文本考证，日语为原典批判或文本批判。
[2] 传说中的斯巴达国王。

希罗多德也支持海伦留在埃及一说。他的理由有两方面,一方面是从情理方面来看。当时因为这场战争,特洛伊老国王普里阿摩斯[1]在面对50个儿子相继丧命、国家存亡危机之时,接到希腊大军要求返还海伦的要求,若当时海伦在特洛伊城内,他没有理由不答应。另一方面则是对《伊利亚特》文本的文献学考证。据希罗多德所说,荷马在《伊利亚特》第六卷当中写了这么一段——

王后下到那拱形的储藏室,里面有袍子,是西顿妇女的彩色织物,神样的帕里斯从那里运回家来,在他在大海上航行,把出身高贵的海伦带回特洛亚(即特洛伊——编者)的时候。[2]

——288-291

希罗多德认为,由此可以看出,荷马是知道帕里斯带着海伦四处彷徨时去过腓尼基的西顿和埃及的,但由于这些内容不太适合叙事诗,所以荷马没有采用。(第二卷·116)希罗多德还进一步指出,在属于特洛伊传说圈的叙事诗《塞普里亚》(散佚)当中写到,帕里斯抢到海伦后从斯巴达出发,经海路沿途一帆风顺,第三天就回到了特洛伊,所以《塞普里亚》的作者应该不是荷马。从这些方面也可看出,希罗多德熟读荷马的作品,甚至到了可以进行文本批评的程度。

在此多说几句题外话。关于海伦留在埃及一说,还有颇有意

---

[1]《伊利亚特》的主人公之一赫克托尔的父亲。
[2]《罗念生全集 第五卷·伊利亚特》,[古希腊]荷马著,罗念生译,上海人民出版社,2004年,第154页。此译本该卷加副标题为"赫克托尔和妻子安德罗马克告别"。

思的传言。"据斯特西克鲁斯诗中所说,亚历克山德罗斯〔帕里斯〕掳走海伦,经过帕洛斯岛〔尼罗河口、亚历山大港要道的岛屿〕到达埃及,普罗透斯〔埃及王〕抢走海伦,给了帕里斯一块画有海伦样貌〔eidolon〕的画版,让他以此消解思恋之情。"(对阿里斯提德《第一三辩论》131 的古注)类似的还有,"据一说法,普罗透斯从来到埃及的亚历克山德罗斯那儿夺走了海伦,将海伦的 eidolon 给了他。亚历克山德罗斯便这样航海去特洛伊。这是斯特西克鲁斯所传的版本"。(策策斯[1]对吕哥弗隆《亚历山大城》113 的注释)由于只写了是"eidolon",所以无法确定是幻象还是画像,但既然说是"画在画版上的 eidolon",那么可以理解为是画像吧。

有关画像一说,又让人想起下面这些记载——

武丁帝即位后,想复兴殷朝,但一直没有找到称心的辅佐大臣,一天夜里他梦见了一位名为说的圣人。他按照梦中见到的形象观察群臣百官,却没有一个长得像的,便命人画了张画像,到民间去四处寻找,终于找到了说。[2](司马迁《史记·殷本纪第三》)

敬君者,善画。齐王起九重台,召敬君画之。敬君久不得归,思其妻,乃画妻对之。齐王知其妻美,与钱百万,纳其妻。(张彦远《历代名画记》第四卷)

西锡安(位于科林斯西面的繁盛城市)里陶工布塔得斯的女儿得知恋人将去外国旅行,便让恋人站在油灯前,依其映在

---

[1] John Tzetzes,12 世纪拜占庭诗人和语法学家。
[2] 原文如下——帝武丁即位,思复兴殷,而未得其佐。三年不言,政事决于冢宰,以观国风。武丁夜梦得圣人,名曰说。以梦所见视群臣百吏,皆非也。于是乃使百工营求之野,得说于傅险中。

墙上的影子摹下了他的轮廓。陶工的父亲按照轮廓,用黏土制模,并用火烧制出来。传说这便是雕塑的起源。(老普林尼《博物志》[1] 35·151)

一个年轻人偶然看到三个天女在山中入浴,把其中一位天女的仙衣(羽衣)藏了起来,把她带回家,让她做自己的妻子。年轻人天天看着妻子的美貌,不出去劳作,天女便给他一幅自己的画像,让他一边看画像一边干农活。谁知一阵风吹来,把画像吹到了官老爷的庭院里。官老爷派人找到画上的天女,把她给带走了……[日本民间故事《妻子的画像》("绘姿女房")]

远江[2]的防人[3]物部古麻吕有一首和歌,为"吾妻美如画　画妻于纸上　旅途路遥遥　见画思吾妻"(《万叶集》第20卷,4327)。虽说这首和歌标识为防人所作,但笔者一直都怀疑它应该是一个知道殷武丁帝和齐国敬君之类故事的人所作,只是不知道是否有相关专家有所研究。

因迷恋画上的美人而外出探寻的故事在印度、波斯、阿拉伯等地都很多见,但与帕里斯的故事正好相反。帕里斯是追求海伦而远行,最终却只拿着海伦的画像回来。荷马没有采用这一版本的传说,或许可以从上述有关画像的传说种类之间的关系进行探讨。

题外话就到此为止,下面回到正题。

---

[1] 又译为《自然史》。
[2] 日本古代的令制国之一,属东海道,现为静冈县西部地区。
[3] 日本平安时期官职名称。

荷马的影响——直接引用

下面我们探讨一下希罗多德被认为向荷马学习的两个方面。第一个方面,是他频繁使用直接引用的文体。从表现形式上看,荷马的叙事诗可分为两部分,一部分是作者使用第三人称进行叙述(diegesis,叙述,又作 apangelia,报告),一部分是作者置身其中、成为登场人物来直接说话(mimesis,模仿)。荷马的叙事诗当中,直接引用所占比重很大,《伊利亚特》当中所占比例达到了45%。希罗多德和修昔底德的历史记述当中也有非常多的直接引用。修昔底德使用的场合基本是在提出政策和军事作战主张时的长篇演说中,与此不同,希罗多德的记述当中对话之多让人不禁联想到话剧台词(据 R. Heni 的统计,演说出现的次数有38次,而对话则出现了76次)。希罗多德在写到"坎道列斯的王妃与巨吉斯的故事"(第一卷·8及之后,参照第131页)这般颇有些小说趣味的故事时,便喜欢让登场人物展开对话,为记述锦上添花。不仅如此,从很多章节中都可以看出,希罗多德喜欢采用登场人物对话的形式来表明与《历史》的主题深刻相关的思想。如,梭伦与克洛伊索斯有关幸福的问答(第一卷·30,参照第105页),波斯贵族的政体议论(第三卷·80,参照第42—43页),表明要远征希腊的国王薛西斯和谏言阻止的叔父阿尔塔巴诺斯之间的对话(第七卷·10),看到宽阔海面上布满战船后十分满足不禁落泪的薛西斯国王与阿尔塔巴诺斯展开的人生观论谈(第七卷·45),

薛西斯与斯巴达国王戴玛拉托斯之间展开的有关波斯人与希腊人价值观的对话（第七卷·101以后及209，参照第113页），等等。

荷马的影响——短时间范围

希罗多德受到荷马影响的第二个方面，就是将涉及面广泛的内容放入短暂的时间范围内进行叙述的技法。《伊利亚特》虽是描述特洛伊城下特洛伊军与希腊军的攻防，但在从阿基琉斯发怒到赫克托尔下葬的短短五十一天的故事之中，不仅涉及数十年前埋下的特洛伊战争的起因，还言及了特洛伊城最终会被攻破的预感。为什么能做到这一点呢？因为荷马虽然是在不断推进故事进展，但在登场人物的对话当中加入了对过去的回顾和对未来的预言。同样，在《奥德赛》描述的众神会议到奥德修斯夫妻再会的四十多天的故事当中，言及了历时二十年的奥德修斯的战斗与流放，和对他的死亡的预言。

希罗多德的《历史》的时间范围是从被波斯灭国的吕底亚国王克洛伊索斯的登基（公元前560年前后）到雅典军攻占塞斯托斯（公元前479年），但其中涉及方方面面的内容，如一万多年前的埃及历史，赫拉克勒斯（公元前14世纪中期）与吕底亚、斯奇提亚（斯基泰）、斯巴达等王室的起源等。在八十年的时间框架内能做到这一点,正是由于当中插入了非常多的题外话。《伊利亚特》将主题和时间范围限定在从阿基琉斯发怒开始,以此达到了非常紧密的全文的统一。正是有了这个范本,希罗多德才获得了《历史》的构想——以从波斯的兴起到希腊远征的挫折作为主题和时间范围。

序文的传统

希罗多德受到荷马影响的还有其他不少方面,但被广泛认可的、来自荷马的刻印最强的应该算是序文(prooimion)了。下面列举四个序文。

女神啊,请歌唱佩琉斯之子阿基琉斯的致命的愤怒,那一怒给阿开奥斯人带来无数的苦难,把战士的许多健壮英魂送往冥府,使他们的尸体成为野狗和各种飞禽的肉食,从阿特柔斯之子、人民的国王同神样的阿基琉斯最初在争吵中分离时开始吧,就这样实现了宙斯的意愿。

——荷马《伊利亚特》[1]*一·1-8*

米利都[2]人海卡泰欧斯[3]如下记述。我写的是我认为真实的东

---
[1] 《罗念生全集 第五卷·伊利亚特》,[古希腊]荷马著,罗念生译,上海人民出版社,2004年,第5页。
[2] 希腊移民城邦。
[3] 又译作赫卡塔埃乌斯,公元前6—前5世纪前后的希腊历史学家、作家、神话学者。

西。因为希腊人所拥有的似乎对我来说是荒唐可笑的。

——海卡泰欧斯《历史》[1][*Historia*, 或称《谱系》(*Genealogiae*)、《英雄的故事》(*Herologia*)]序文

在这里发表出来的,乃是哈利卡尔那索斯人希罗多德的探究〔historie〕成果。他所以要把这些探究成果发表出来,是为了保存人类的功业,使之不致由于年深日久而被人们遗忘,为了使希腊人和异邦人的那些值得赞叹的丰功伟绩不致失去它们的光采,特别是为了把他们发生纷争的原因〔aitie〕给记载下来。

根据有学识的波斯人的说法,纷争的起因是腓尼基人。

——希罗多德《历史》序文及第一卷·1

雅典人修昔底德记述了伯罗奔尼撒人和雅典人之间是如何进行这场战争的。我看到双方都竭尽全力来准备这场战争,并且看到希腊世界中其他的国家不是加入了某一方的阵营就是正在考虑要加入哪一方阵营。所以在这次战争刚爆发时,我便开始了这次记述,因为我预想到这将是一场前所未有的大战争。

——修昔底德《历史》(即《伯罗奔尼撒战争史》)第一卷·1

修昔底德的《历史》当中有对希罗多德所写内容的细节的修正,让人不禁猜想,他在执笔时希罗多德的《历史》就置于案头。从他的序文当中也可以看出,他很在意希罗多德,并且想表明自己与希罗多德的不同之处。一般性的见解是,他与希罗多德的相

---

[1] 国内通常使用《谱系》这一名称。

同之处在于用"雅典人修昔底德"来明确作者姓名；不同之处在于他简明地阐释作品主题是"伯罗奔尼撒人与雅典人的战争"，以此来批判希罗多德将主题定为"探究"、试图探究"战争的原因"。希罗多德以探究为名，会采录一些来源不权威的情报，并会揣摩猜测一些无法确认的原因。例如，在促使大流士国王决定远征希腊的原因当中，希罗多德列举了希腊人医师的思乡之情和王妃阿托撒在就寝前对大流士的说辞等（第三卷·132及134）。修昔底德认为历史学家不应该采取这样的态度，并且扬言自己所写的《历史》当中记载的全都是与战争有关的事实。

还有一种说法认为，希罗多德的序文是后世的希罗多德爱好者所撰写的赝作；也有评价认为，即使是他本人所写，所使用的希腊语也显得略为拙劣。但笔者认为这是一篇经过深思熟虑的序文。无论如何，希罗多德的序文可以说越过了海卡泰欧斯，是与荷马的传统一脉相承的。

海卡泰欧斯的序文中也明确写出了作者为"米利都人海卡泰欧斯"，并宣称不记录那些可笑的旧说，只记录被认为是真实的事情，实际上却是一部没有明确主题的作品。荷马与他不同。《伊利亚特》在序歌当中以"歌唱愤怒"来明确阐述将阿基琉斯的愤怒作为主题，并以"女神啊"的呼唤来表示作者的身份是诗神（Musa），用第六行的"争吵"（erisante，词根是eris）与正文中的"两人相争〔eris〕"连接起来。作者、主题、连接的词语这三个要素成为古代叙事诗序歌的定式，而希罗多德的序文虽是散文，但也遵从了这种定式。即是说，"哈利卡尔那索斯的希罗多德"表明作者,"探究"表明主题,"发生纷争的原因"与"纷争的起因"连接起序文和正文。从构思和描述的技法上受到荷马影响的希罗多德在最为醒目的序文当中也对荷马进行了模仿。

伊奥尼亚地区的散文作家

锡罗斯的斐瑞居德(公元前544年前后为鼎盛时期)被认为是首位用散文体撰写著作的作家。在第欧根尼·拉尔修所著的《名哲言行录》当中有他的略传,赫尔曼·亚历山大·迪尔斯及瓦尔特·克兰兹[1]编撰的《前苏格拉底哲学家残篇集》当中也有简短的记载。有关他的事迹,已知的情况很少,除了被认为是毕达哥拉斯的老师和具有不可思议的预言能力之外,我们也只知道他的著作中涉及了众神的诞生和宇宙起源。在他之后,伊奥尼亚地区散文作家辈出,著书内容涉及对神话的合理解释、出自众神及英雄的名门谱系、王与祭司的列表、建国传说、沿岸航海、异民族风俗习惯等,但全部散佚。在被认为比希罗多德年长的作家当中,有名的有米利都的狄奥尼修斯(《波斯志》)、吕底亚的克桑托斯(《吕底亚志》)、兰普萨库斯的卡戎(《埃塞俄比亚志》《波斯志》)等,但无法确定希罗多德是否曾参照他们的作品。因为古代的作家在使用前人作品的内容时并不记载书名,而是习惯在批判作品时才指明出处。但我们可以确定的是,对希罗多德起到

---

[1] 二人均为德国的古典学学者。

决定性影响的是米利都的海卡泰欧斯。

> 海卡泰欧斯　米利都人，赫戈桑多洛斯之子。活跃〔或出生〕于继刚比西斯[1]后成为王的大流士〔公元前522—前486年在位〕时期，相当于奥林匹亚纪第65纪年〔公元前520—前516年〕，与米利都的狄奥尼修斯属于同一时代。历史书写者。作为后辈的哈利卡尔那索斯的希罗多德受到他的诸多裨益。海卡泰欧斯同时也是普罗泰戈拉的弟子〔这一点为时代错置〕。虽然他是第一位用散文体书写历史的，但最早写散文的是斐瑞居德，因为阿库西拉乌斯的著作被认为是伪作〔因此不能成为最早〕。
> ——《苏达辞书》"海卡泰欧斯"条

海卡泰欧斯的著作流传下来的有两部，一部是在本书第24、25页介绍了其序文的《历史》。该书有四卷，将主张源自神话的名门谱系进行合理解释与编述，只留有三十余篇残篇。这或许是因为在该领域的著作当中，莱斯沃斯的赫拉尼库斯（公元前480年前后—前395年）的著作超越了它，使得它未能受到重视。另外一部著作是《环地行记》（*Periodos*, 或 *Periegesis Gēs*），两卷，被认为具有先驱性的意义，且对希罗多德影响很大。该书有三百篇以上的残篇得以流传，其记述始于直布罗陀海峡，沿着地中海北岸向东行进，也涵盖到内陆的斯奇提亚，乃至波斯、印度、埃及，然后从地中海南岸向西行，回到摩洛哥的大西洋沿岸，并结束于此。

海卡泰欧斯在埃及觐拜的宙斯（阿蒙）神殿与祭司对谈，在

---

[1] 现多译为"冈比西斯"，为与本书引用的王以铸译本《历史》译名保持一致，故使用"刚比西斯"译法。——编者注

谈到自己的家系上溯16代就和神有血统的关系后，祭司们像是嘲笑希腊人的历史浅短一般，纷纷表示他们就算上溯345代也到不了神代（第二卷·143）。希罗多德在描述这件事时的笔触虽显得略坏心眼，但在其他地方，希罗多德又表示认同海卡泰欧斯的见闻。在伊奥尼亚的诸城邦企图反叛波斯时（公元前499年），海卡泰欧斯虽阐述了波斯的强大与企图是无谋之举，但他的意见并没有被听取。（第五卷·36）当叛乱失败，主谋者米利都人阿里司塔哥拉斯不得不逃亡时，海卡泰欧斯又再度建言，但意见再度未被听取，最终阿里司塔哥拉斯丢掉了性命。（第五卷·125–126）

《历史》第二卷被称为《埃及志》，详尽地叙述了埃及的国土、风俗、宗教和历史。该部分与第四卷的《斯奇提亚志》一样，可以说是希罗多德借鉴海卡泰欧斯最多的两个部分。捕获鳄鱼的方法、河马的形状、埋葬父亲的圣鸟波伊尼克斯的出现（第二卷·70–73）等记述，都被认为是希罗多德直接借用了海卡泰欧斯在《环地行记》中的语句（海卡泰欧斯，残篇324）。而最足以说明希罗多德借鉴海卡泰欧斯的，应该是希罗多德传播甚广的"埃及拜尼罗河的馈赠"（第二卷·5）这句俗语，初出于海卡泰欧斯（残篇301）。

伊奥尼亚地区的自然哲学与科学

如上所述，希罗多德应该从现已散佚的伊奥尼亚地区散文作家的作品当中汲取了不少地理学、民族志方面的记事，同时他还从自然学家（初期哲学家）那儿继承了探究精神。"诚然众神起初并未向终将一死的人们展示所有，人类随着时间流逝，通过探究（zetein）发现更好的事物"［克塞诺芬尼，残篇18（藤泽令夫·内山胜利译本）］、"热爱并追求知识的人们，必定是众多事物的探求者（histor）"［赫拉克利特，残篇35（内山胜利译本）］等都是讴歌探究精神的。以泰勒斯（公元前624年前后—前546年前后）为起点，哲学家们抑制不住好奇心的驱使，纷纷探究不可思议的自然现象与世界形成的谜题。据亚里士多德记述（《形而上学》983b），泰勒斯观察到水是万物的养分，主张万物的根源（arche）是水（hudor）；他的弟子阿那克西曼德（公元前610年前后—前540年前后）认为万物本原是"无限定"（to apeiron）；阿那克西美尼（公元前546年前后为鼎盛时期）与第欧根尼（公元前5世纪）则认为万物之源是空气（aer）；希帕索斯（公元前6世纪后半叶）与赫拉克利特（公元前500年前后为鼎盛时期）则认为万物之源是火（pur）。

在好奇心与探究精神方面，希罗多德可谓毫不逊色于自然学家，但他所关注的方面却有所不同。不同于自然学家从物质层面探究自然界的成立，他追寻人类成就的伟大事迹，探究事情的成因。希罗多德是首个将探究运用到过去——历史研究领域——的人，但若从对人类的探究层面来考虑，这与苏格拉底（公元前469—前399）的研究颇为接近。据说，苏格拉底年轻时曾热衷于对生成与消失、生物体的组成、思考与感觉的机制、天空与地上的诸现象等自然学方面的研究，但这些不能满足他的探究欲，最终他转向了对人类的真善美的探究。（柏拉图《斐多》96a 以下）顺带一提，在苏格拉底的对话中，将思考、驳论对方主张的行为称为反诘法（elenchos），这被认为是一种专业术语，而在论证可能性的文脉当中使用这个词语的第一人就是希罗多德（第二卷·23等）。从这点也可以看出希罗多德与苏格拉底在探究精神方面的相似性。

科学的发达

自然学家们在诸多方面达成了不少科学业绩，希罗多德也记录下了其中的几件。如吕底亚和美地亚的战争进入第六年的某一天，突然白天变成了黑夜，这正是发生在公元前 585 年 5 月 28 日的日食，而据说泰勒斯曾经预言到这次日食（第一卷·74）。不仅如此，据说泰勒斯还利用造运河的方式将哈律司河分为两股水流，使得克洛伊索斯的军队顺利渡河（第一卷·75），这应该是泰勒斯在埃及学习测量术和土木技术的成果。

希罗多德的描述中还出现了世界地图。就在伊奥尼亚地区诸城邦为了摆脱波斯帝国的桎梏而企图叛乱时，米利都的僭主阿里司塔哥拉斯去斯巴达请求援助。他为了说服斯巴达国王，一边给国王看一个"雕刻着全世界的地图，地图上还有所有的海与所有的河流"的青铜板，一边解说亚细亚都有哪些国家，且金银铜以及谷物和家畜的资源有多么丰富（第五卷·49）。据说这幅地图是"由米利都的阿那克西曼德首先将人们居住的世界画在书板上，然后由米利都的海卡泰欧斯四处游历，按照实际对地图进行改良和修正的"（海卡泰欧斯，证言12a）。由此可以推测，阿里司塔哥拉斯给斯巴达国王看的可能是由海卡泰欧斯制作的地图。不仅如此，书中有不少细节也不禁让人认为希罗多德是一边看地图一边执笔记述的。如他将国王大流士制定的波斯领土内20个纳税区的民族构成按照由近及远的顺序列举（第三卷·90-94），又如他将流经斯奇提亚的大地最终注入黑海的河流从西向东进行说明，分别是伊斯特河（多瑙河）、杜拉斯河（德涅斯特河）、叙帕尼司河（布格河）、包律斯铁涅司河（第聂伯河）等（第四卷·47以下）。这些记录尤其强化了人们的上述想法。更为重要的是，正是因为有地图的存在，才使得希罗多德旅行的想法愈加强烈，并且使得他的旅行愈加便利吧。

《希波克拉底文集》

在考察希罗多德与科学思想之关系时，不得不考虑医学思想对其产生的影响。

在巴比伦是没有医生的，病人会被搬到广场上，由曾经患过同样疾病的人传授治疗方法。（第一卷·197）非游牧民族的利比亚人在孩子满四岁时，会用羊毛脂来灸孩子头顶的血管，据说这样可以使孩子日后不会被从头上流下的体液（phlegma）所害。（第四卷·187）希罗多德不仅记录了这样的习俗，还认为将医生按专业分为眼部医生、头部医生、牙齿医生等的埃及医学具备先进性（第二卷·84），且表示希腊最厉害的医师是克罗同人（意大利半岛南岸），其次是库列涅人（北非）（第三卷·131）。但事实上，在公元前5世纪中叶最为活跃的应是伊奥尼亚地区南方海上的科斯岛的医师，以及科斯岛对岸的城邦尼多斯的医师们。

冠以西洋医学之祖、科斯岛的希波克拉底（公元前460年前后—前375年前后）之名的《希波克拉底文集》收集了七十余篇医学论文，其中真正由希波克拉底撰写的仅有几篇，其余均出于他的后继者。虽然作为论文成形是在希波克拉底的年代之后，但其中积累的经验与认识却是从希波克拉底的时代之前开始。希波克拉底学派的特征在于重视观察与经验的实证精神和远离巫术与迷信的理性考察，因此在用语及思考方式方面与希罗多德有相通之处。

上述利比亚人的健康法中提到的phlegma原本是火焰的意思，首先将其作为"体液"的意思使用的是希罗多德，而在希波克拉底的女婿波吕波斯所写的《人的本质》中，这个词作为影响人体健康的四种体液——血液（haima）、黏液、黄胆汁（chole xanthe）、黑胆汁（chole melaina）——中的一种得以理论化。

在希罗多德关于强壮的猛兽幼崽少而弱小的动物则多产的观察当中，对于兔子在怀孕期间能再次怀孕的现象，他使用了"受孕"（epikuiskesthai）一词来表达（第三卷·108）。在《希波克拉底文集》中则有一篇《关于重复受孕（epikuesis）》的论文，可见希罗多德也略懂医学专业用语。

有关波斯的刚比西斯国王发狂的原因有多种说法，一种认为是他在埃及冒渎了圣牛阿庇斯而遭到报应，还有说法认为是他天生患有"圣疾"（hire nousos，指癫痫），而希罗多德难以判断是哪一种（第三卷·33）。从这一点来说，希罗多德尚且不如希波克拉底学派那么科学。《希波克拉底文集》中的论文《圣疾》明确阐述道，癫痫在发作时虽然看上去像是神明附体，但绝非由神造成的疾病。

同样，希罗多德和希波克拉底对于斯奇提亚男性的"女性病"之原因解释也各不相同。希罗多德将患有这种病的人称为Enarees[1]，并记录他们是在叙利亚的阿斯卡隆洗劫乌拉尼阿·阿芙洛狄特（意为天上的阿芙洛狄特，即叙利亚的女神得耳刻托）的神殿的少数斯奇提亚人及他们的子孙（第一卷·105），得病是由于受到女神的惩罚。而对此，希波克拉底则说明道，这是失去生殖能力、说话方式与生活方式都女性化的男人，他将他们称为阿那利科斯（Anarieis），且从他们仅限于富裕阶层来推测，病因应与长期骑马有关。由于他们经常骑在马背上，引发关节炎（静脉瘤？），而治疗的方法是切开左右耳后方的血管，但若失误切到与精液相关的血管则会引发阳痿（《论风、水和地方》22）。希波克拉底曾说过"地方上的人总是将生病的原因归结于神"，应该是在得知希罗多德之流解释诸疾病的原因后提出的见解吧。

托马斯[2]（Rosalind Thomas）就希罗多德与希波克拉底学派的影响关系提出过颇有意思的如下见解。在哲学与科学盛行的伊

---

[1] 本译作参考的中文译本中译为埃那列埃斯。
[2] 古希腊史教授，于2020年当选为英国学术院院士。

奥尼亚地区，人们纷纷通过书籍或者演讲发表自己的探究成果，希罗多德在《历史》当中记载的有争论的主张，也是一种对自我见解的发表。希罗多德的故乡哈利卡尔那索斯与希波克拉底学派的据点科斯岛可谓是一衣带水，很早便共同使用伊奥尼亚方言。不仅希罗多德学习希波克拉底学派的学说，医师们应该也在利用希罗多德收集的民族志资料。

托马斯尤其重视被视为希波克拉底本人所作的《论风、水和地方》中提出的环境决定论。根据环境决定论，亚细亚的热暑寒冷变化并不激烈，气候较为平均，所以人们的气质是温和不好战的（16）。而欧罗巴则季节变换频繁，人们性情猛烈，具备非社交性、激情性的性格。因为恒常性会带来弛缓，而变化则带来刻苦。另外，由于人们不隶属于国王而必须保护自己，所以会变得勇敢（23）。

虽然希罗多德对亚细亚及欧罗巴的了解很充分，不至于单纯地相信这种过于图式化的二分法，但从他认为埃及人是世界第二健康的民族是因为他们的气候少有变化之故（第二卷·77），可考虑是受到了希波克拉底学派的影响。不过我们也可以发现希罗多德采取了与希波克拉底学派不同的方法来考察风土与性格的关联，如他在《历史》中提及的"那里（埃及）的气候和世界其他各地不同，河流的性质和其他任何河流的性质不同，而且居民的大部分风俗习惯也和所有其他人的风俗习惯恰恰相反"（第二卷·35）、"温和的土地产生温和的人物；极其优良的作物和勇武的战士不是从同一块土地上产生出来的"（第九卷·122）等段落。

滞留雅典与交友

虽然《苏达辞书》中并未记载希罗多德到访过雅典，但在本书的"生平"（参照第13页）当中提到过，他曾在雅典滞留是可以确定的。公元前5世纪中叶的雅典在伯里克利的治下迎来黄金时期，国力发展到可与斯巴达相抗衡，在文化方面也取代伊奥尼亚地区和大希腊[1]（南意大利）成为希腊的中心。希罗多德在这里应该结识了众多文化人，但在《历史》当中却未曾提到一字半句。接下来笔者想以状况证据为依据，列举两位被认为与希罗多德有过交往的人物。

索福克勒斯——妻子做选择的故事

五十五岁老翁索福克勒斯，为希罗多德而咏诗。

普鲁塔克在他的《道德论丛》（其中的《老人的政治参与》785B）中明言这首短诗中的索福克勒斯即《俄狄浦斯王》的作者。按照主流学说，索福克勒斯生于公元前496/前495年，那么他作这首诗歌时应约为公元前441年。希罗多德这个名字在雅典虽然罕见，可在伊奥尼亚地区却比较常见，所以也有人怀疑这首诗的赠予对象并不是我们所说的希罗多德。但只要看到下面的一致之处，便可以确信二人是有交流的。

---

[1] Magna Graecia，公元前8—前6世纪，古希腊人在意大利半岛南部建立的一系列殖民城邦的总称。

索福克勒斯的《安提戈涅》描绘的是俄狄浦斯之子厄忒俄克勒斯与波吕涅克斯为争夺底比斯的王位双双战死后，他们的妹妹安提戈涅的悲剧故事。为保护底比斯献身的厄忒俄克勒斯被厚葬，而背叛祖国的波吕涅克斯作为逆贼暴尸荒野，并且被禁止埋葬。而安提戈涅却认为安葬亲人是天神制定的亘古不变的律条，安葬了她的哥哥。结果她被新继任王位的叔父克瑞翁抓了起来，送往牢狱的途中发出了如下感叹——

可是在聪明人看来，我这样尊敬哥哥是很对的。如果是我自己的孩子死了，或者我丈夫死了，尸首腐烂了，我也不至于和城邦对抗，做这件事。我根据什么原则这样说呢？丈夫死了，我可以再找一个；孩子丢了，我可以靠别的男人再生一个；但如今，我的父母已埋葬在地下，再也不能有一个弟弟生出来。我就是根据这个原则向你致敬礼；可是，哥哥啊，克瑞翁却认为我犯了罪，胆敢做出可怕的事。[1]

——《安提戈涅》904-915

这一部分一直以来都颇具争议。因为安提戈涅既没有结婚也没有生子，却说并不会为了孩子或者丈夫与城邦对抗，显然很奇怪；而且她在这出剧的前半段对自己的行为表现得颇为坚定，但在这里却忧愁感叹，也显得奇怪。歌德甚至表示，"女主人公在剧中用崇高无上的理由来解释自己的行为，并且展现了至纯的高贵灵魂，而一到即将赴死之时，却说出了非常牵强，甚至有点喜

---

[1]《罗念生全集 第二卷 埃斯库罗斯悲剧三种·索福克勒斯悲剧四种》，罗念生译，上海人民出版社，2004年。

剧味道的动机。若有优秀的文献学者能证明这一部分是后世的添加,并非原作,我定会大加赞扬"(爱克尔曼《歌德对话录》第三部,1827年3月28日)。

其实,只要将安提戈涅的这段台词与希罗多德《历史》中的一段插曲进行比较,就能马上明了。这一段插曲是有关波斯帝国一位贵族灭亡的故事。

刚比西斯国王于远征之地埃及陷入精神错乱之时,在波斯本国的玛哥斯僧(在美地亚和波斯重要的神官阶级)谋反,拥立了他的弟弟作为伪王即位。刚比西斯在回国途中去世,伪王的统治持续了七个月,最终七位贵族奋起反抗,粉碎阴谋并诛杀了篡夺者。在七位贵族当中,大流士被选为国王即位。但不久后另外一位贵族音塔普列涅司被怀疑谋反,其一族的男子都被投入监狱。音塔普列涅司的妻子每天都去宫门前哭泣,最终打动了大流士,让她可以选择一个人获救。她选择了挽救兄弟的性命,这使得大流士非常不解。询问原因,这位女人如此回答——

国王啊,如果上天垂怜的话,我可以有另一个丈夫,而如果我失掉子女的话,我可以有另一些子女。但是我的父母都死去了,因而我决不能够再有一个兄弟了。这就是为什么我这样讲的理由。

大流士中意这个理由,便按照她的请求赦免了她的兄弟,还赦免了她的长子,其他人则都被处以死刑。(第三卷·118-119)

按照通常的想法，大都认为对女性而言，在血缘关系方面孩子浓过兄弟，比起兄弟甚至也是爱情方面的丈夫更重要，但音塔普列涅司的妻子和安提戈涅的理由却非常相似。即使索福克勒斯的《安提戈涅》上演是在公元前441年左右，希罗多德的《历史》是在公元前430年之后完成的，但学者们基本上一致认为索福克勒斯模仿了希罗多德。因为音塔普列涅司的妻子有丈夫、孩子和兄弟，而没有丈夫和孩子的安提戈涅诉说兄弟第一的理由非常不自然。所以可以考虑的情况是——希罗多德是在日常谈话当中先对索福克勒斯说了这件事，之后再写进《历史》当中的。

在索福克勒斯死后的公元前401年上演的《俄狄浦斯在科洛诺斯》（337以下）当中，俄狄浦斯曾经指责两个儿子像埃及人一样，男的待在家里纺织，而让妻子出去劳作。这一部分索福克勒斯也借用了《历史》（第二卷·35）当中的一节。在这一节里，希罗多德介绍了埃及的诸多习俗，说埃及人的习惯与其他民族完全相反，如妇女去市场上买卖，男子则在家中纺织；其他国家在织布时是把纬线往上面推，而埃及则是往下面推；埃及妇女用肩扛东西，男子用头顶着东西；妇女小便时站着，男子小便时却蹲着；等等。索福克勒斯应该是读了已经成书的《历史》并将其采用到作品当中的。由此看来，无论是口头或者书本，索福克勒斯都颇为中意希罗多德所讲述的故事。

在此笔者想多说几句的是，印度也有与音塔普列涅司的妻子做选择相似的故事，即《本生经》[1]第67《膝盖本生故事》的前半段。很久以前，拘萨罗国出现了盗贼，他们横行掠夺后逃之夭

---

[1] 印度的一部佛教寓言故事集，主要讲述佛陀释迦牟尼生前的故事。佛陀自说本生故事的主要目的，是通过种种故事、譬喻来教化弟子，因此《本生经》中，处处表现出道德的教训，醒世的箴言、寓言、格言、智慧等。

夭。人们未能捉到盗贼,只好抓了在森林入口处耕作的三个男人作为盗贼的替死鬼绑到国王面前。一个女人哭泣着绕王宫走来走去,声称那三个男人是她的丈夫、兄弟和儿子。国王同意只饶一个人的命,问她选谁,这个女人做出了和音塔普列涅司的妻子相同的回答。很难相信这几个连细节都如此相似的故事是各自独立产生的。民间故事学者陶尼(C. H. Tawney)认为这一故事起源于希腊,而印度学家皮谢尔[1](R. Pischel)则认为是印度起源,伊朗学家诺尔迪克[2](Th. Nöldeke)主张是波斯起源。笔者也考虑过这个问题,虽然希腊有许多类似的故事,但还是认同《印度文学史》的作者温特尼茨[3](M. Winternitz)所说,"这则逸闻的发源地难以确定"的观点比较妥当。

与普罗泰戈拉的关系

据推测,公元前5世纪中叶的雅典人口为30万到50万,这其中包括女性、儿童、滞留的外国人以及奴隶,而具有参政权的成人男性市民大约为3万人(参照第五卷·97,阿里斯托芬[4]《公民大会妇女》1132等)。此时的雅典确立了直接民主制,保障所有市民的言论自由,但同时也对参政能力有所要求。在这种时代背景下,有许多人从希腊各地来到雅典,希望能施展抱负。其中有一部分人以教授各种新知识,特别是在议会和法庭上使用的辩

[1] 理查德·皮谢尔,德国的印度学家。
[2] 德国的东方学者。
[3] 出生于奥地利的学者,著名的梵文学者,对印度学做出了贡献。
[4] 古希腊喜剧作家,有"喜剧之父"之称。

论术为职业,他们被称为智辩家,即传授知识的教师。其中比较有名的是来自西西里岛伦蒂尼的高尔吉亚、厄利斯地区的希庇亚、开奥斯的普罗迪科斯等,而非常厉害的人物应该有阿布德拉[1]的普罗泰戈拉(公元前494/前488—前424/前418年)。根据一般见解,他曾为古希腊在意大利南部建设的殖民城市图里伊制定了宪法(第欧根尼·拉尔修《名哲言行录》九·50),而希罗多德也参与过这个殖民地的建设事业,且二人年纪相差不过十来岁,所以相识的可能性很高。接下来从两个方面来分析二人在思想上的关联。

普罗米修斯的礼物

在柏拉图初期对话篇《普罗泰戈拉》当中曾议论过以下议题,即作为希腊城邦市民[2]应该具备的德行,能否像建筑术和造船术一样被教授给他人。当时听说大名鼎鼎的言论家普罗泰戈拉来到雅典,青年们都十分兴奋,拉上苏格拉底前往他留宿的地方进行拜访。面对比自己年轻二十岁左右的苏格拉底,普罗泰戈拉为了说明德行是可以教授的,首先讲述了下面这则故事(mythos)。

传说在众神使用土和火等各种东西混合来创造生物时,厄庇墨透斯(后觉者)为了让各个种族不会遭遇灭亡,便赐予不同的种族不同的能力。给某个种族庞大的身躯,给小型的种族以速

---

[1] 色雷斯海滨城邦。
[2] 有城邦、城邦国家、市民权以及由公民组成的政治共同体等之意。

度、翅膀、自保的武器,并为了御寒赐予生物们皮毛等。他还将生物分类为食草的、食用果实的、食用根部的,规定食用其他动物的种族少产,而让成为其他种族饵食的种族多产。就这样,当厄庇墨透斯分配完所有的能力之后,却发现没有剩下一种能力可以赐予人类。他的哥哥普罗米修斯(先觉者)来检查时发现这个状况,觉得很为难,只好从火神赫菲斯托斯那儿偷来火、从雅典娜女神那儿偷来其他的技术赐予人类……(《普罗泰戈拉》320D—321E)

捕食者少产而被捕食者多产——这或许是世界上最早的关于生态学方面的发言。无论是从普罗泰戈拉处学到的还是自己观察到的,希罗多德都掌握了这个事实(参照第108—109页)。不仅如此,他还将动物的不同种族各有特色能力的道理移植到人类世界,借智者梭伦[1]之口说道:"很少有人能够兼备所有这些优点,正仿佛没有一个国家能在自己的国内充分取得它所需要的一切东西。"(第一卷·32)

政体议论

这要回到音塔普列涅司的妻子做选择的插曲之前,波斯的七位贵族诛杀篡位者之后,大流士被选为国王,在他继位之前,众人曾就应该采取哪种政体展开了议论。首先,欧塔涅斯发表意见,独裁者会由于傲慢与嫉妒而走上万恶的道路,所以应该采取

---

[1] 梭伦(公元前638—前559),生于雅典,哲学家、政治家、诗人,古希腊七贤之一。

万民同权[1]（Isonomia）的民主政体。美伽比佐斯虽然赞成废除独裁政体，但认为若让民众掌握主权则容易陷入众愚政治，因此主张实行优秀的一小批人掌握实权的寡头政治。最后大流士表示，民主政治必定会产生恶，而寡头政治又容易因为争夺首领之位而引发内部纷争，若从民主政体、寡头政体、独裁政体的各自最好情况来看，还是让最为优秀的一个人来统治是最好的。（第三卷·80以下）

像是为了应对"在帝王之国波斯不可能展开这样的议论"这类读者的批判一般，希罗多德在其他地方特意记载道——波斯海军总督玛尔多纽斯废除了伊奥尼亚地区所有的独裁者并在这些城邦建立起民主政治[2]（第六卷·43）。意在表明，波斯人不仅知道民主政治，还将其传授给了伊奥尼亚的诸城邦。

关于这个政体议论的由来众说纷纭，但也有一种意见认为在东方本身就具备展开这种议论的土壤。年迈的撒母耳让他的两个儿子代替他做以色列的士师，但他的儿子们却贪图利益收取贿赂并且屈枉正直。于是以色列的长老们都去见撒母耳，请求他"立一个国王治理我们"，于是撒母耳便警告他们若有了国王会如何——

> 管辖你们的王必这样行，他必派你们的儿子为他赶车，跟马，奔走在车前。又派他们做千夫长，五十夫长，为他耕种田地，收割庄稼，打造军器和车上的器械。必取你们的女儿为他制造香膏，做饭烤饼。……你们的粮食和葡萄园所出的，他必取十分之一给他的太监和臣仆。又必取你们的仆人婢女，健壮的少年

---

[1] 英文为isonomy，又译为民治。
[2] "我把这件事情记下来是为了使不相信七人当中的欧塔涅斯曾宣布说波斯最好的统治形式应当是民主政体的那些希腊人大吃一惊。"

人和你们的驴,供他的差役。你们的羊群,他必取十分之一,你们也必做他的仆人。那时你们必因所选的王哀求耶和华,耶和华却不应允你们。

——《旧约圣经·撒母耳记 上》第八章·10-18(池田裕译本)

以这种例子为论据,以及在近年越发强调东方的神话以及故事对希腊的影响等的背景下,有一种见解认为这段政体议论的插曲起源于波斯。而另一方面,认为是起源于希腊的见解处于优势,而这种见解又分为三种解释。

第一种解释认为,三种政体对希腊人而言是自古以来即非常熟悉的话题,希罗多德是将这个话题置于政变后处于危机下的波斯来进行阐述。品达(公元前518年前后—前438年前后)的《皮提亚[1]祝胜歌集》二·86-88中的"无论是何种政体,率直的人都会崭露头角——无论城邦的守护者是僭主,还是嘈杂的大众,还是贤者们"(内田次信译本)就是一个论据。

第二种解释认为,由于这场议论中所指出的各政体的短处在《历史》当中频繁展现出来,可见是熟知这三个政体的优缺点的希罗多德创作了这场议论。以众愚政治为例,伊奥尼亚地区反乱的主谋者阿里司塔哥拉斯(米利都人)在为了征讨波斯四处募集援军的途中,无论如何都未能说服斯巴达国王,却轻易地说服了雅典民众,由此可见一斑。关于此,希罗多德的笔触是十分辛辣的:"阿里司塔哥拉斯未能欺骗斯巴达的克列欧美涅斯一个人,却能欺骗三万名雅典人,看来欺骗许多人比欺骗一个人要容易

---

[1] 皮提亚(Pythia),古希腊阿波罗的神女祭司,以传达阿波罗神的神谕而闻名。皮提亚竞技会是古希腊四大周期性赛事之一,在据说是皮提亚居住地的德尔斐举办。

些。"(第五卷·97)

独裁者的暴虐行径之例可谓是不胜枚举。如佩利安多洛斯曾经踢死怀孕的妻子,与妻子的尸体交媾,还将全科林斯的妇女的衣裳剥下来烧掉以献给死去的妻子(第三卷·50,第五卷·92)。如波斯国王刚比西斯因嫉妒杀死了自己的弟弟,并且将因这件事讽刺自己的妻子——不惜篡改律法强行娶为妻子的亲妹妹——弄得流产致死(第三卷·30-32)。如波斯国王薛西斯,爱上弟弟玛西司铁斯的妻子之后又爱上他的女儿,招致自己的妻子阿美司妥利斯的残酷报复,而后又杀死了他的弟弟(第九卷·108-113)。笔者比较倾向于这第二种解释。笔者认为,波斯也有主张民主政体的人物和场面,所以希罗多德以此为核心,创作出了希腊式辩论风格的场面。

但有最多研究者支持的是第三种解释,即认为《历史》中政体议论的这一幕是希罗多德以普罗泰戈拉的思想为基准创作出来的。确实,在有关动物产子多寡的生态学观察方面,希罗多德与普罗泰戈拉是相通的,而且还有研究指出普罗泰戈拉的不可知论对希罗多德的相关立场产生了影响,所以无法排除在政体议论这一方面希罗多德受到普罗泰戈拉影响的可能性。普罗泰戈拉的不可知论表现在:"关于诸神,我既不知道他们是否存在,也不知道他们是什么样的。有太多事物阻碍人们知道这些,如问题晦涩不清,而且人的生命过于短暂。"(从诸多资料复原得出的残篇4,内山胜利译本)与此相对,希罗多德曾表示:"除去他们的神的名称之外,我不打算重复他们(祭祀)告诉我的、关于他们的诸神的事情；因为我知道，关于神的事情，任何地方的人都是知道得很少的。"（第二卷·3）但是从残留的普罗泰戈拉残篇的只言片语之中找不到与政体议论相关的发言。普罗泰戈拉被认为是首位主张无论是什么事情都有相反的两种论点且两种论点都能够成立的人，并且写下了《论辩技艺》（第欧根尼·拉尔修《名哲言行录》九·51及55）。但若要说希罗多德是照着《论辩技艺》创作了政体议论，这种推测未免过于不谨慎了。虽然可以确定希罗多德结识了不少比自己年长的著名知识人，但这无法作为确定他们各自作品之间影响关系的证据。

出生故乡的杂交文化、荷马的叙事诗、伊奥尼亚地区的散文作家、伊奥尼亚发达的自然哲学及科学、在雅典与知识人的交往——如此这般回顾形成希罗多德思想的诸多要素，让笔者眼前不禁浮现出希罗多德的人物像。他可能像个活泼的孩子般喜欢提问，好奇心旺盛，非常喜欢故事，是天生的倾听者，容易相信他人说的故事，很少抱有偏见和歧视意识；他可能同时具备良好的理解能力和超凡的记忆力，比起抽象的讨论更喜欢根据具体事物来进行思考；虽然不那么深信宗教，但对有信仰的人表示敬意，尊重常识。可惜从《历史》当中无法得知他家人的情况以及他是否有妻子与后代。关于希罗多德的旅行，将会在其他章节中详述。

第二章 | 方法、旅行及收集口头传承

作为方法论的旅行

此外,从任何其他人那里我便没有听到任何东西了。由于我亲身上行直到埃烈旁提涅去视察并且对于从那里再向上的地区根据传闻来加以探讨,结果我所能知道的全部情况如下。

——第二卷·29

埃烈旁提涅是埃及最南端的城市,位于尼罗河第一瀑布的下游,离当今的阿斯旺很近。希罗多德烦恼于尼罗河为何与其他河流相反,在夏季涨水,在冬季则河水减少,他为了探究这一问题,展开调查旅行,甚至来到了埃及最南端。

为了在这件事情上,我可以不管从什么方面得到确切的知识,我到腓尼基的推罗那里作了一次海上的旅行,因为我听说,在那里有很受尊崇的一座赫拉克勒斯神殿。

——第二卷·44

腓尼基的推罗位于现在的黎巴嫩南部，作为都市遗迹群提尔入选联合国教科文组织的世界遗产。被称为推罗的赫拉克勒斯的神即为腓尼基的梅尔卡尔特（城邦之王），也是《旧约圣经》里迦南（巴勒斯坦）的巴力（气候之神、丰饶之神）。但是希罗多德却认为赫拉克勒斯有两个人。其中一个是希腊神话中最伟大的英雄（半神），被认为是斯奇提亚、吕底亚及斯巴达的王室始祖，在《历史》当中被记录为存在于公元前1350年前后。另一个则是埃及初始八位神明之后出现的十二位神明之中的一位，是早于阿玛西斯（第26王朝最后的国王雅赫摩斯二世，公元前570—前526年在位）一万七千年的神（第二卷·44及145）。希罗多德为了确认后面这位赫拉克勒斯身上发生的种种复杂情况，便通过海路去往推罗。

只要读了《历史》便能知道，虽然希罗多德也会从前辈作家那儿引用资料，但大部分的记述素材都源自他自己调查旅行的见闻。从上面两处引用也可看出，只要对某件事情怀有疑问，希罗多德就会立刻出发进行调查旅行。但是，在古代真的可能展开这样的旅行吗？

在埃及，强劲的北风使得船只能够在尼罗河上逆流而上，所以很早便展开了水运。众所周知，建造金字塔一类的巨型石造纪念物始于公元前2700年前后，而在公元前1500年前后兴起了观赏金字塔的旅游风潮，有团体旅游和纪念品，在建筑物上甚至还有游客留下的涂画痕迹。在希腊，自公元前776年以来每四年举办一次奥林匹亚竞技会，也促使大批的旅游者来到位于西南边境的奥林匹亚。但是一般认为除了选手和工作人员之外的普通观众在当时是野宿的。并且,希腊人从公元前8世纪末开始积极展开殖民活动,在公元前1100年左右超越了一直以来独占地中海贸易的腓尼基人,成为地中海贸易的霸主,频繁在海上来来往往。有很多人前往历史悠久的多多纳[1]、戴尔波伊等神托所参拜,也有不少人为了治病前往埃皮达鲁斯的阿斯克勒庇俄斯神殿[2]过夜祈祷。另一方面,在波斯帝国的版图即亚细亚的土地上,王都苏撒和吕底亚地区的都城撒尔迪斯之间有一条"国道",在长达450帕拉桑该斯(约2400千米)的道路上设有111个驿馆,"在这条道路的任何地方都有国王的驿馆和极其完备的旅舍,而全部道路所经之处都是安全的、有人居住的地方"(第五卷·52)。只不过,这种住宿与安全都有保障的"国道"在当时应该是种例外。

在这种时代背景下,希罗多德的旅行范围之广仍然值得惊叹。东边,他到过亚述的古都巴比伦,观察城壁与运河(第一卷·178以下),还有人认为他继续东行,最后到达了苏撒。南边,如同刚才引用的,在尼罗河流域他到了埃及南端的埃烈旁提涅,收集了对岸埃西欧匹亚的信息;在非洲北岸,他来到希腊殖民地库列涅,从当地居民那里听到一些话(第二卷·32)。西边,《苏达辞书》说他参加了前往意大利南部图里伊的殖民团,而他也确实向那附近的叙巴里斯人和克罗同人打听过事情(第五卷·44)。北边,他在黑海北岸、叙帕尼司河河口通商地的欧尔比亚停留,不仅对其北方的斯奇提亚的国土及习俗展开了情报调

---

[1] 位于希腊西北部伊庇鲁斯大区。
[2] 埃皮达鲁斯位于希腊半岛东南端,原是古希腊的一个城邦,相传是阿波罗之子医神阿斯克勒庇俄斯的出生地,祀奉他的阿斯克勒庇俄斯圣殿遗迹于1988年被联合国教科文组织列入世界文化遗产。

查，还收集了斯奇提亚人要"借着七名通译、通过七种语言来打交道"的更加广阔的地域上居住的民族的传闻（第四卷·16以下）。

虽说希罗多德的旅行不是前往无人涉足的土地，而是以希腊的殖民地或希腊人居住地为据点展开的，但他仍然是一位伟大的旅行家。关于他旅行的资金，藤绳谦三曾阐述过颇有意思的见解：希罗多德出身名门，但不得不政治逃亡，所以在出国前将不动产换成现金，并寄存在安全国家有信用的人或是神殿那里，一边小额提取一边旅行；他也可能在旅途中通过朗读自己写的《历史》的部分内容来获得报酬，又因为去外国时多利用海路，所以也可能从事过贸易活动。

追求 Thauma

希罗多德为了写《历史》，或者说是为了探究展开旅行，但从更加根本的角度来说，他是为了追求 thauma（伊奥尼亚方言则为 thōma，意为惊异）而旅行的，比如让希罗多德尤为吃惊的埃及的历史之悠久以及建筑物之巨大。

我个人看见过它（一座迷宫），它的巧妙诚然是难以用言语形容的；把希腊人所修建的和制造的东西都放到一起，尽管以弗所和萨摩司的神殿也都是引人注目的建筑物，但总起来和它相比，在花费的劳力和金钱这点上，可说是小巫见大巫了。虽然金字塔大得无法形容而其中的每一座又足能顶得上希腊人修建的许多巨大纪念物,但这种错综复杂的迷宫又是超过了金字塔的。

——第二卷·148

迷宫的情况就是这样。然而在它旁边的莫伊利斯湖却是更值得人们惊奇的。这个湖的周边长达三千六百斯塔迪昂或六十司科伊诺斯〔一万多米〕,这个长度相当于埃及全部海岸线的长度。

——第二卷·149

但是,让希罗多德惊讶的不仅仅是巨大的建筑物。他会在自然景观、制度、习俗、口碑、人们的行为等所有事项中发现惊奇,并且非常愉悦地将这些惊奇阐述出来。下面介绍几个事例。

在埃及富人们的宴席上,当大家进餐完毕准备进入酒宴时,一个男人会拿着木刻的栩栩如生的尸体与棺木给大家看,并说:"饮酒作乐吧,不然就请看一看这个;你死了的时候就是这个样子。"(第二卷·78)佩特罗尼乌斯的《萨蒂利孔》(Satyricon)[1]中被称为"特里马尔奇奥的盛宴"的场面中有过相似的描写。当奴隶拿来能灵活摆弄的银质骸骨后,特里马尔奇奥便说道:"啊,我们是多么悲哀啊。人人都是虚无的。只要死神奥库斯[2](Orcus)来带走我们,我们都会变成这样。既然如此,不如让我们在还活着的时候尽情享乐吧。"(国原吉之助译本)再之后的莎士比亚的《亨利四世(上部)》(第三幕第三场)中也有这样的台词——"如同现在流行的骷髅装饰一样,人们喜欢把它嵌在戒指

---

[1] 意为"好色男人",又译作《爱情神话》,是一篇讽刺小说。
[2] 原为伊特鲁利亚。

上,每当看到它就能警醒勿忘死亡。"[1](福田恒存译本)虽然普遍认为Memento mori(拉丁语的古代名言,意为"勿忘人终有一死")是在中世之后确立的,但希罗多德早在很久以前就将这一精神记录了下来。

"有身份的人物的夫人以及非常美丽的和尊贵的妇女,在她们死后并不是立刻送到制作木乃伊的人那里去,而是在她们死后三四天再送到他们那里去。这样做的原因是防止木乃伊工匠和她们的尸体交配。据说有一次一个工匠被发现污辱了一个新死的妇女,因而被他们同行的工匠揭发了。"(第二卷·89)希罗多德也曾记述过科林斯的僭主佩利安多洛斯奸尸(necrophilia)的事情(第五卷·92),这种事情的记录在希腊语文献当中是非常罕见的。

埃及国王培罗斯为了惩戒异常涨水以致泛滥的尼罗河,向河中投掷了枪,但马上遭到神罚而失明了。十一年后,有一个神托带给他,说用从来没有和丈夫以外的男人发生过关系的妇女的尿清洗眼睛便可恢复视力。于是他尝试了妃子等诸多女人的尿,但久久未能恢复。直到最后他恢复了视力,他娶了使他恢复的女子,而把其他妇女全部烧死了(第二卷·111)。希罗多德连这种像是出自《一千零一夜》的故事也不遗漏。

阿利昂是举世无双的竖琴手、歌手。他在意大利一边演奏一边游历,积累了一大笔财富后,想雇船回佩利安多洛斯所治理的科林斯。但当船行驶到海上后,水手们就密谋夺取他的财富,甚至还想要他的性命。阿利昂发觉了他们的阴谋,请求他们让自己在死之前唱最后一首歌,于是他换上正式演出时的盛装,站在后

---

[1] 福斯塔夫的台词,中文译本多为"我常常利用它,正像人们利用骷髅警醒痴愚一样"。

甲板上弹唱,唱完后便纵身跳入海中。结果有一条海豚驮着他,把他送到了塔伊那隆。阿利昂从那里上岸后,徒步回到了科林斯。之后,开着船来到科林斯的水手们被佩利安多洛斯召去,结果阿利昂出现在水手面前,就和他跳入海时一模一样,于是水手们的恶行暴露了。这一故事或许是海豚外形的合唱队[1](khoros)始创歌舞的缘起传说的变形,希罗多德将这称为"极为离奇的事情"(第一卷·23)。

从海帕伊司托斯(孟斐斯市的主神普塔)的祭司成为埃及国王的赛托司由于轻视战士阶级,使得亚述国王撒那卡里波司率领大军来犯时(公元前701年)没有战士愿意为他作战。于是赛托司向神祈祷,之后一大群田鼠在夜里咬坏了敌军的箭筒、弓箭以及盾牌把手,使得他渡过了难关(第二卷·141)。这与亚述国王辛那赫里布进攻犹大王国的耶路撒冷时的记载(《列王纪 下》十九·35、《以赛亚书》三七·36、《历代志 下》三二·21)相对应,但在《旧约圣经》里所记载的击退敌军的并不是田鼠而是上帝的使者。还有类似的事例是玄奘的《大唐西域记》第十二卷中有关瞿萨旦那国(现新疆和田)的条项。面对数十万匈奴大军的进犯,瞿萨旦那国王十分害怕,向鼠祈祷之后,有一只硕大的鼠出现在他的梦里,答应向他提供援助。

希罗多德在书中还记录了许多令人惊异的人类行为。大流士向希腊各地派遣使者,要求希腊各城邦献上土和水作为服从波斯国王的象征时,很多希腊城邦与民族都献上了土与水,唯独斯巴达人将使者扔到井里,让使者从那里取土与水。但杀害波斯使节

---

[1] 即英语的 chorus。

是重罪。自那之后斯巴达遭遇诸多不顺，斯巴达人便召开民众大会召集愿意去见波斯国王以死赎罪的人。两位年轻人自愿报名，一位叫司佩尔提亚斯，一位叫布里斯。二人来到苏撒见到波斯国王时，国王的卫兵命令他们匍匐跪拜，但二人坚决不从。希罗多德认为二人的勇气与言行值得惊叹（第七卷·135）。有一个人被斯巴达人擒拿入狱、戴上脚镣等待处死时，用偷偷带进去的利器割掉自己的脚逃跑了。这在希罗多德看来是难以置信、极其大胆的事情（ergon）（第九卷·37）。

实见（opsis）与探听（akoe）

探寻惊奇、不断开展研究调查之旅的希罗多德在收集资料时有明确的原则，即以自己实见为第一，当无法达成这点时以探听作为辅助补充。类似于"百闻不如一见"的想法早就见于荷马对诗神的呼唤中："居住在奥林匹斯山上的诗神啊，请告诉我们吧——你们是天神，当时在场，知晓一切，而我们只听见了传闻，并不知道。"（《伊利亚特》二·484 以下，松平千秋译本）赫拉克利特也在承认以感觉把握事物的重要性的基础上——"我只会优先这些事物：能看见之事物、能听见之事物、能认知之事物（mathesis）"（残篇 55，内山胜利译本）——论说了实际看见更胜一筹。即"我们本性上即具有两种器官性的东西，是为了让我们能够听到所有、知道所有并与一切保持关联。这两种东西即是视觉（horasis）与听觉"。但赫拉克利特认为，二者中值得信赖的必定是视觉。即是说，"眼睛是优于耳朵的准确证言者"（残篇101a，内山胜利译本）。

希罗多德在书中有自觉阐述所用的方法，在本书第47页所引用的段落当中——"由于我亲身上行直到埃烈旁提涅去视察并且对于从那里再向上的地区根据传闻来加以探讨"这一句非常明显地表现出两种方法的前后顺序。由于遥远的过去和遥远的土地一样无法亲眼所见，所以希罗多德在大篇幅说明埃及的国土、习俗、宗教后转而叙述埃及历史时，有如下一番表述——

以上所述都是我个人亲自观察、判断和探索的结果。下面我再根据我所听到的记述一下埃及的历年事件，这上面再加上一些我自己看到的东西。

——第二卷·99

判断（gnome）与传达（ta legomena）

这里所说的"我的判断"则是展露希罗多德所采用方法的第三个关键词，即 gnome（意见、判断、见解）。虽然如今看来历史学家理应如此，但当时的希罗多德并不只是单纯记录所见、所闻，而是加入了自己的判断。例如，有关毁灭克洛伊索斯的吕底亚王国、成为亚细亚霸主的居鲁士，希罗多德在开始记述他从出生至打倒吕底亚、使得波斯阿契美尼斯王朝兴盛前曾表示"在这里我所依据的是这样一些波斯人的叙述,这些人并不想渲染居鲁士的功业,而是要老老实实地叙述事实,虽然,我知道,关于居鲁士的事情,此外还有三种说法"(第一卷·95),即表明他在此做出了不涉及非事实说法的判断。有关希罗多德的判断,下面再举两个例子。

他在记述著名的铁尔摩披莱之战[1]前,先计算了双方军队的势力。薛西斯从亚细亚率领的陆海军加上他在欧罗巴征用的陆海军的总兵力为二百六十四万多人(第七卷·185)。与此相对,迎击的希腊军有四千二百人(第七卷·202),而坚持下来未撤退的只有三百名斯巴达人和七百名铁司佩亚人。波斯陆军在希腊军的战术面前死伤惨重、战况胶着,而后一位名为埃披阿尔铁司的人告诉了波斯国王能绕道希腊军背部的道路,导致希腊军覆灭。对此,希罗多德还介绍了另外一种说法,即告诉波斯国王迂回路线的是名为欧涅铁斯和科律达罗斯的两人,但也明确表示完全不可信。希罗多德之所以会做出如此判断,是基于他确认了这些事实:背叛者埃披阿尔铁司由于害怕遭到报复而逃亡、希腊方面悬赏的头颅不是另外两个人的而是埃披阿尔铁司的。(第七卷·214)

公元前480年,薛西斯的陆军占领了空城的雅典,并放火烧了卫城。另一方面他的海军在萨拉米斯海战中遭遇毁灭性的败北,使得他不得不从陆路撤退,仅用了四十五日就到达了海列斯彭特(现达达尼尔、恰纳卡莱)海峡的渡口(第八卷·115)。另

---

[1] 即温泉关之战。为保持与日文译本以及引用的王以铸先生中文版译文一致,故采用该译文版本译法。

有一种说法是薛西斯在撤退途中舍弃了陆路，乘坐腓尼基人的船回国。归国途中遭遇了猛烈的暴风雨，船差点儿沉没，感到害怕的国王问船长如何是好，船长说不去掉一部分乘客就没有其他办法。薛西斯便问有没有人愿意为了国王的安全而牺牲，许多波斯人便跳入海中，变轻的船就安全抵达了亚细亚。上岸后的薛西斯为了奖励船长救命有功赐予他一顶黄金之冠，而后又因为船长使许多波斯人丧命而砍了他的头。但希罗多德却说他不相信这种说法。因为他认为，若必须减少船上乘员，国王应该会保住波斯人的命而将腓尼基桨手们扔到海里（第八卷·119）。

不过，有很多时候希罗多德并不自己做出判断，而是让读者们自己做判断。例如，关于埃及国王拉姆普西尼托司以肉身下到冥界后与戴美特尔（丰收之神伊西斯）玩骰子并带着女神给他的礼物回到大地上来一事，希罗多德是如此记载的——

> 这些埃及的故事是为了给那些相信这样故事的人采用的：至于我个人，则在这全部历史里，我的规则是我不管人们告诉我什么，我都把它记录下来。
>
> ——第二卷·123

在其他地方也能见到希罗多德表达同样的态度。结成盟约以对抗波斯人的希腊城邦希望阿尔哥斯人也参与进来，阿尔哥斯则提出了取得联盟军一半统帅权这等无理的条件。有说法认为，阿尔哥斯人之所以不愿站在希腊一方战斗，或许是因为当时他们正处于战败后的巨大疲惫中,也有可能是他们背叛了希腊、与波斯缔结了友好关系。对于这些说法的真伪,希罗多德并不明确发表见解,而是表示——

> 至于我本人,则我的职责是把我所听到的一切记录下来,虽然我并没有任何义务来相信每一件事情;对于我的全部历史来说,这个说法我以为都是适用的。
>
> ——第七卷·152

这里的"把我所听到的一切记录下来"(legein ta legomena)是体现希罗多德之方法的第四个关键词,而相关的例子可谓不胜枚举。"还有这样的一个说法,不过这个说法我是不相信的。"(第三卷·3)"这是在传说当中最为可信的一个说法,但是我必须还要说一下另一个不甚可信的说法,因为人们也提过它。"(第三卷·9)"这便是人们用来解释波律克拉铁斯的死亡的两个原因,随你相信哪一个好了。"(第三卷·122)有关斯奇提亚的对岸,希罗多德表示"这些秃头者的说法,我是不相信的。他们说,住在这些山里的,是一种长着山羊腿的人,而在这种人的居住地区的那一面,则又是在一年当中要睡六个月的民族。这个说法我认为也是绝对不可相信的"(第四卷·25)。腓尼基人的船队从红海出发经过印度洋、沿着利比亚(非洲大陆)沿岸环行后,从直布罗陀海峡进入地中海回到埃及,但希罗多德表示"在回来之后他们说,在绕行利比亚的时候,太阳是在他们的右手的;有的人也许信他们的话，但我是不相信的"（第四卷·42）。"他们也许是巫师，因为斯奇提亚人和住在斯奇提亚的希腊人都说，每年每一个涅乌里司人都要有一次变成一只狼，这样过了几天之后，再恢复原来的形状。至于我本人，我是不能相信这个说法的。虽然如此，他们依旧这样地主张，并且发誓说这样的事情是真的。"（第四卷·105）

虽然"把我所听到的一切记录下来""随你相信哪一个好了"这样的话语看上去略显不负责任，但以见闻作为最大武器的历史学家正是通过记载不同的说法来达到对相关方面的公平考虑，并且通过记载令人难以置信的事情将解明的可能性留给后世。

作为手法的梦·神托·建言者

由于书中频繁出现梦与神托，所以有观点认为希罗多德的《历史》欠缺科学性，但并非如此。《历史》中的梦与神托经常被人们误解，或是人们试图去回避这些预示，但最终还是以意想不到的方法变成了现实。因此可以看出希罗多德在构想历史记述时参照了古希腊悲剧。梦与神托都会促使人们采取行动，但在希罗多德的《历史》中还有另外一样也会促使人们采取行动的意象——建言者。当人们听从忠告时会得到盛运，但当人们无视忠告时容易遭受噩运。每当出现梦、神托和建言者的意象时便能推测出之后的发展，因此我们也可以理解到希罗多德是将它们作为历史记述的方法来使用的。

吕底亚国王克洛伊索斯有一位出色的儿子，名为阿杜斯。克洛伊索斯梦见阿杜斯会被铁制尖器刺死。为了避免所梦成真，他给儿子娶了妻子，并把所有的武器都藏了起来。这时，美地亚人来向他求助，希望他能帮忙应对大肆破坏农田的野猪。他原本不想让儿子前往，但阿杜斯自己要求前去，最终并未死在野猪的獠牙下，反而被友人投掷出的铁枪刺中而死。（第一卷·34以下）美地亚最后的国王阿司杜阿该斯梦见女儿芒达妮撒的尿淹没了整个亚细亚，让会占梦的玛哥斯僧解释，得知他的孙子可能会夺取他的王位。于是他将芒达妮嫁给了当时比美地亚人地位低下的波斯人。但他又做了一个梦，梦中，芒达妮生出的葡萄蔓遮住了整个亚细亚。他便命令重臣哈尔帕哥斯杀死女儿所生之子，但哈尔帕哥斯却把这个任务安排给了一个牧人。牧人的妻子刚刚经历死产，她便将国王的孙子当作自己的孩子来抚养。这个孩子便是之后打倒阿司杜阿该斯、建立起阿契美尼德王朝波斯帝国的居鲁士。（第一卷·107以下）

波斯国王刚比西斯梦见有个使者来向自己报告，说司美尔迪斯坐上了王位并且头一直触着上天。刚比西斯便派忠臣杀死了司美尔迪斯，但之后玛哥斯僧以及他弟弟（也叫司美尔迪斯）阴谋篡夺了王位（第三卷·30以下）。佩西司特拉托斯的儿子希庇亚斯曾是雅典的独裁者，起初施政颇为温和，但在其弟被暗杀后转为施行暴政，后来受到民众的憎恶而被驱逐。他委身于波斯宫廷，在波斯国王大流士进攻希腊时曾将波斯军队引导到了马拉松

（位于雅典东北方约35千米）。战争前夜，希庇亚斯梦见与母亲同寝，他将这个梦解释为他会回到雅典并恢复统治权。然而他之后却突发激烈的喷嚏和咳嗽，一颗牙齿被喷出口掉落在沙子中。这时他意识到自己的牙齿已经占据了他应得的那一份祖国土地（第六卷·107）。

戴尔波伊的神托本就是非常暧昧的。比如当"只有一座木墙会拯救雅典"的神托出现后，人们发表了诸多不同的看法，其中有人认为木墙指的是环绕雅典的卫城，应当躲在卫城里；也有人认为木墙指的是船只，应当做好海战的准备（第七卷·142）。这时，谋士铁米司托克列斯采用了第二种说法并说服了雅典人，最终使得雅典人在萨拉米斯海战中获胜。但在《历史》中，神托被误解、最终变成现实的例子更多。吕底亚国王克洛伊索斯在询问是否应该出兵波斯时得到的神托是"若出兵则一个大帝国会毁灭"。而事实上，克洛伊索斯出兵之后毁灭的大帝国并非波斯，而是他自己的国家（第一卷·53、91）。

还有一种情况是，人在不经意间说出的话会具有类似神托的效果。大流士派兵前去镇压巴比伦人的叛变时，有巴比伦人登上城墙嘲笑包围巴比伦的波斯军队并说"等骡子产子的时候你们才能攻下我们的城市"。而当包围了巴比伦二十个月的时候，波斯军内有匹骡子生产了，之后波斯军攻陷了巴比伦。（第三卷·151以下）顺带一提，古代的人们知道骡马是可以产子的（亚里士多德《动物志》577b），只是希罗多德在这里将其作为不可能之事（adynaton）的意象而已。

吕底亚最后一位国王克洛伊索斯从成为国王直至亡国的记述（第一卷·26-92）被称为"克洛伊索斯的故事"，置于《历史》的卷头，是构成之后历代波斯帝王兴衰之模型的主要部分。在这一部分里，希罗多德通过描述克洛伊索斯对待建言者的两种不同态度来向读者提示如何解读建言者的意象。当克洛伊索斯征服了小亚细亚西岸的希腊诸城邦后，又意图进攻诸岛，受到希腊七贤人之一普里耶涅的比亚斯（另一种说法是米提列奈的披塔柯斯）的讽谏而打消了主意。（第一卷·27）这是克洛伊索斯的好运即将如日中天之时。而之后，正如前述那样，克洛伊索斯误解神托、正在准备进攻波斯时，智者桑达尼斯向他提出忠告。桑达尼斯说，波斯人不知道葡萄酒，只会饮水，平时粗衣粗食，富有美好的吕底亚即使征服了他们也毫无益处，若失败了则会失去很多好东西。但是克洛伊索斯未能听取他的忠告，终致亡国（第一卷·71）。

会话场面的设定

建言者有时也会作为希罗多德的分身发言。或者说，由于建言者必定是作为会话当中的人物登场，所以在很多情况下，会话当中包含了希罗多德的根本思想。

修昔底德的《历史》中虽有许多长篇的政见演说，但这位历史学家自觉即使是亲耳听到的演说也难以确切地再现，所以明确表示"我的方法是这样的：一方面尽量保持实际上所讲的话的大意；同时使演说者说出我认为每个场合所要求他们说出的话语来"[1]（《历史》一·22）。与此相对，在希罗多德的《历史》中出现的76次会话全发生在遥远的时代、遥远的地区，所以是希罗多德的创作。但本书第22页中也提到过，这些被自由创作出来的会话也是希罗多德表现自己思想的一种方法。

在"克洛伊索斯的幸福问答"当中，吕底亚国王克洛伊索斯自以为极为富有、是世界上最幸福的人。对此，梭伦说道："我却知道神是非常嫉妒的，并且是很喜欢干扰人间的事情的……不管在什么事情上面，我们都必须好好地注意一下它的结尾。"（第一卷·32）之后克洛伊索斯虽然败于波斯国王居鲁士，但是得以作为居鲁士的建言者而存活下来，并给居鲁士提过这样的建议——"如果你觉得你自己是一个凡人，而你所统治的也还是凡人的时候，那么首先便要记住，人间的万事万物都是在车轮上面的，车轮的转动是决不容许一个人永远幸福的。"（第一卷·207）面对表示想要远征希腊的波斯国王薛西斯，他的叔父阿尔塔巴诺斯曾以谏言加以制止："你已经看到，神怎样用雷霆打击那些比一般动物要高大的动物，也不许它们作威作福。"（第七卷·10）而当薛西斯看到自己的舰队铺满了整个海面后不禁喜悦落泪时，阿尔塔巴诺斯又感慨道："生存变成了这样一种可悲的事物，而死亡竟成了一个人逃避生存的一个求之不得的避难所。神不过只是让我们尝到生存的一点点的甜味，不过就是在这一点上，它显然都是嫉妒的。"（第七卷·46）这

---

[1]《伯罗奔尼撒战争史》,[古希腊]修昔底德著,谢德风译,商务印书馆,2009年。

些建言者的发言表现的无疑都是希罗多德的思想,关于这一点会在第二部中进一步论述。

世界上第一位民族学者

在研究希罗多德的著作当中,必定会批判性地引用一部事典中的条项。这部事典就是菲利克斯·雅各比(F. Jacoby)的《希罗多德》(*Herodotos*)。虽然是一部事典,但其内容可谓是一部巨著,是直到20世纪初叶为止的希罗多德研究的集大成之作。而其中经常遭到批判的有两点,其一是它认为《历史》的完成过程中存在发展阶段,其二是它认为希罗多德执笔《历史》是出于对希腊民族的现代与未来的政治关心。有关《历史》的执笔意图,笔者将在第二部第一章"主题与构思"中具体论述,此处仅涉及其发展阶段一说。

在探讨叙事诗《伊利亚特》和《奥德赛》之成立的学说当中,经常被使用到的用语有统一论、分离论、分析论等。统一论源自公元前3世纪亚历山大港的文献学者,这种学说认为两部叙事诗均出自一位名为荷马的诗人之手。而分离论则以两部作品中神观念的不同和细节的矛盾为根据,主张两部作品分别出自不同的诗人。分析论认为,两部作品均是经由几代人、诸多诗人而得以成立的。分析论中又可分为两种立场,一种认为两部作品是以优秀的诗歌作为核心,不断发展扩大而形成的,另一种则认为分散的诸多小诗歌被聚集在一个统一的主题下,形成了如今我们看到的作品。

分析论将两部叙事诗分解成几个部分,并探讨各部分之间的先后关系。它盛行于19世纪,对希罗多德的研究也造成了影响。雅各比的研究正是非常彻底的分析论研究。他将《历史》细致地分成诸多部分,并推定各部分的成立顺序。雅各比认为,希罗多德的出发点是作为像海卡泰欧斯那样的地理学和民族志的探究者,但由于他曾在经历过与波斯的战争的雅典停留,在那儿学会了将希腊的命运与波斯的命运关联起来思考的方法,从而发展成为记录希腊波斯战争的历史学家。对于雅各比的这种观点,有许多著名的学者发表了赞成、反对的意见,如今较占优势的是统一论的立场。这种立场认为,希罗多德的《历史》风格独特,粗看存在没有脉络的余谈以及脱线的内容,但其中具备深思熟虑的构想,应当从中分析希罗多德的意图及历史观。

希罗多德并非从地理学者、民族志学家发展成为历史学家的,他是在历史这个类别成立之前,尝试将世界作为一个整体来进行描述。只不过在《历史》当中确实有许多民族志性质的记述,对(用如今的用语来说的)民族学而言是非常珍贵的资料。下面介绍几个事例。

民族志的宝库

希罗多德特别关注结婚的习俗。在吕底亚,有克洛伊索斯之父阿律阿铁斯（公元前617—前560年在位）的巨大陵墓。该陵墓是以巨石为底座，在其之上堆土建造而成，且有铭文的五根石柱一直存留到了希罗多德的时代（现代发现了两根阳根形且没有刻文的柱子）。铭文所记载的是建造陵墓的商人、手工业者以及普通人的女儿的工作量，其中普通人的女儿所做的工作最多。因为"吕底亚普通人民的女儿们全都干这种卖淫的事情，以便存钱置办自己的妆奁"（第一卷·93）。埃里亚努斯在《杂闻轶事》（四·1）中对此有所补充，即"吕底亚的女性在结婚前向男性卖淫，但一旦结婚便会守住贞操"。这与所谓的"庙妓"（sacred prostitution）不同，但也有相似的例子。"巴比伦人有一个最丑恶可耻的习惯，这就是生在那里的每一个妇女在她的一生之中必须有一次到阿芙洛狄特的神殿的圣域内去坐在那里，并在那里和一个不相识的男子交媾。"（第一卷·199）据说若男子抛钱并说"我以米利塔女神的名字来为你祝福"，妇女便不能拒绝他，在与他交媾完毕后就完成了女神的任务，能够回家，但也有妇女需要等上三四年。

住在里海北岸的玛撒该塔伊人，"（男性）每人娶一个妻子，不过他们的妻子却是随便和别人交媾的……玛撒该塔伊男子感到有性交需要时在妇女乘坐的车前挂上一个箭袋，他就可以不怕任何人在中间干涉而任所欲为了"（第一卷·216）。住在非洲北岸即如今的瑟提斯湾沿岸的是纳撒摩涅司人，"他们的习惯是每个男子都有许多妻子，他们和妇女又是杂交的，就和玛撒该塔伊人的情形一样。他们把一个棒子放在居室的门前，然后即性交。当一个纳撒摩涅司的男子第一次结婚时,在第一夜里新娘必须按照习惯和所有的来宾依次性交。而每一个男子在和她性交之后,便把从家中带来的礼物送给她"(第四卷·172)。此地往西,住在如今的黎波里塔尼亚附近的是金达涅司人,"他们那里的每一个妇女都带着许多皮制的踝环,因为据说她只要和一个男人发生过关系,她便戴上这样一个皮踝环。戴得最多的也就是最有声望的,因为爱她的人是最多的"(第四卷·176)。再往西,在如今的加贝斯湾附近住着欧赛埃司人,他们崇尚一位相当于希腊的雅典娜的女神,每年都会为该女神举行祝祭。祝祭是将少女们分为两组,让她们用石头和木棒交战,因伤致死的少女被称为假处女。欧赛埃司人"男女之间是乱婚的。他们并不是夫妻同居,而是像牲畜那样地交媾。当一个妇女的孩子长大的时候,他便给带到每三个月集会一次的男子们那里去,而这个孩子便算做是和他最相像的那个男子的儿子"(第四卷·180)。

我们不可嘲笑他们。根据池田弥三郎的研究,日本近代还存在这样的现象——"这是在上一个时代所发生的真实情形,即在年轻男子的气势过旺,导致姑娘们被年轻男子共有的情形的村子里,夜访交媾所生下的孩子会被采取这样的办法"——当不知道谁是所产婴儿的父亲时,该女性的父亲就会召集平时经常出入的年轻男子,追问他们有没有人是孩子的父亲,若没有人自发承认,则会让年轻男子们围成一圈坐下,把婴儿放在中间。因为人们认为婴儿会本能地爬向父亲,所以婴儿爬到谁身边,那个人就必须成为女子的丈夫。

除此之外，希罗多德还记载了许多事例。住在色雷斯的克列斯通族北方的部族（第五卷·5）和住在湖上的部族（第五卷·16）也是一夫多妻制。他记载了利比亚的阿杜尔玛奇达伊人的国王的初夜权（ius primae noctis），即将结婚的少女会被带给国王，国王喜欢的话可以占有任何人的处女之身（第四卷·168）。他所记载的吕奇亚（今土耳其西南部）人"不是从父方，而是从母方取得自己的名字"（第一卷·173）一事成为巴霍芬[1]（Johann Jakob Bachofen，1815—1887）的划时代研究著作《母权论》（1861年）的出发点。

让希罗多德很感兴趣的还有有关死亡的习俗。据说波斯人的尸体在埋葬前会让野禽或狗撕裂（第一卷·140）。玛撒该塔伊人的习俗则是，当一个人年纪非常大时，他的族人便集合过来把他和他的家畜一并杀死，并炖肉吃；若一个人病死，没有被吃掉而是埋到土里，则被认为是种不幸（第一卷·216）。与食人（cannibalism）有关的葬制除此之外还有印度的游牧民族帕达依欧伊人（第三卷·99）和位于斯奇提亚北方的遥远地带的伊赛多涅斯人（第四卷·26）。据说伊赛多涅斯人在吃完死者之后会将死者的头骨擦干净并镀上金子来祭祀。希罗多德简单地介绍了斯巴达国王去世时的哀悼仪礼（第六卷·58），而有关斯奇提亚国王伴随盛大殉死的葬礼却描述得很详细（第四卷·71）。斯奇提亚国王的一周年祭时，他们选出当年国王身边可靠的侍臣五十人和骏马五十匹，将人绞死后弄成骑马的姿势立于坟墓四周（第四卷·72）。这不禁让人想起匈奴的单于死后，其近幸臣妾会为主

---

[1] 瑞士法学家和人类学家。

君殉死，据说多时有数十人乃至一百人。（司马迁《史记·匈奴列传第五十》）

色雷斯的妥劳索伊人十分有意思。他们在孩子出生后，亲族围坐一圈细数人世间的一切不幸，并哀叹这个孩子也要体验一切不幸；而当一个人去世后，他们又欢快地埋葬死者，因为死者从不幸当中解脱，达到了幸福的境地（第五卷·4）。世界各地都可见类似的习俗，如认为刚出生的孩子容易被死神掠走或是受到邪眼（evil eye）的伤害，所以故意给孩子取不吉的或是不洁的名字，以此来欺骗邪灵。沃尔夫·阿利（W. Aly）也认为妥劳索伊人这么做是为了隐藏孩子诞生的喜悦，以防止恶灵的接近。但这种看法无法解释庆祝人的死亡的部分。笔者推测，希罗多德之所以记录这个习俗，可能是因为它与"死亡比活着好"的古希腊厌世观颇为接近。

希罗多德还记录了有关致幻剂的使用或者说集团吸烟的事例。希罗多德在此事例中提到，在阿拉克赛斯河——虽然这条河被认为是混杂了从亚美尼亚东行注入里海的阿拉斯河、伏尔加河以及注入咸海的阿姆河等非现实存在的河流——上有一些河中岛，岛上的居民集会时，围着火堆坐下，把一些果实抛到火堆上，闻到果实燃烧的香味后便开始陶醉，以至于后来站起来跳舞唱歌（第一卷·202）。注释家们认为这可能是印度的大麻，或是类似伊朗使用豪麻举行的宗教仪礼。还有斯奇提亚人，他们会在毛毡下面的灼热石子上撒大麻的种子，由此产生的许多蒸气会令他们舒服得大叫起来（第四卷·75）。

希罗多德的记述中甚至可以看到有关"沉默贸易"（silent trade）的最古老的记录。在赫拉克勒斯之柱（直布罗陀海峡）对岸有住着利比亚人的国家。迦太基人到了那儿之后便在海岸边陈列货物，之后回到船上并点上狼烟。当地人看到烟后便来到海边，放下换取货物的黄金并退开。迦太基人就下船检查黄金，如果觉得与他们的货物价格对等，他们就上船离去，如果觉得不够就再回到船上等着，等待当地人继续放置黄金。这种行为会持续到双方都满意，且不会互相欺骗。（第四卷·196）

最早的民间故事采集者

民间传承、民俗学（Folklore）一般是指某民族口头传承的有关信仰、生活习惯、技术、艺能、娱乐等知识的总和，其中带有文学性质的方面又常分类为神话、传说、民间故事等。即使在如今，这些方面也很难准确定义，况且在古希腊并不存在相关的专业用语，目前只好姑且使用这些术语来进行论述。

涉及宇宙开辟到众神诞生的神话发展得较早。如赫西俄德（公元前 8 世纪末）在创作《神谱》[1]时就尝试了将其体系化，阿波罗多鲁斯的《希腊神话》[原题为《书库》（Biblioteke）]和许癸努斯的《传说集》等手册书，或是奥维德（公元前 43—公元 17 年前后）的叙事诗《变形记》等都发挥了神话集成的作用。另一方面，与土地和人物姓名相关的传说可散见于历史、地志、

---

[1] 也作《神统记》。

游记、随笔等文献中,却未能形成收集成册的文献。而民间故事受到的冷遇更甚于传说故事,阿普列尤斯(2世纪)的《变形记》(《金驴记》)中一位做饭老婆婆讲述的"丘比特与普塞克的故事"[1]被看作是古希腊·拉丁文学中唯一一个形式完整的保留下来的民间故事。

在那样的时代里,希罗多德在《历史》当中采录了诸多民间故事这一点是非常值得瞩目的。他在调查旅行的途中听取了各种各样的事情,并且没有把当地居民所讲的民间故事视为与研究无缘之物进行排除。在《历史》中诸多有趣的故事当中,无论从长度来看,还是就传奇式流浪冒险般的趣味性而论,最为突出的当属"拉姆普西尼托司的宝藏"。

(起因)埃及国王拉姆普西尼托司拥有非常多的白银,为了安全保管财富,他命人修建了一间石室。然而工匠却巧妙地将石室外侧墙壁上的一块石头设计成可以轻易被抽出来的样式。这位工匠临死前把石头的位置和抽取的方法告诉了他的两个儿子。在他死后,他的两个儿子便着手偷取国王的财富。(第一段)发现石室里的宝藏减少的国王感到很疑惑,但由于财宝一直在减少,他便下令在石室里安置了陷阱。兄弟中的一人进入石室后马上被陷阱困住,便叫另外一人砍掉自己的头,这样他就不会被认出来,他的兄弟也就不会被捕。(第二段)国王看到无头尸体后,将其悬挂在外城墙上,并命令卫兵逮捕看到尸体哭泣或哀悼的人。活下来的兄弟把几袋酒装在驴的背上赶到守卫的士兵那儿,故意解开袋子让酒流了出来。卫兵们看到酒都很开心,而这个人

---

[1] 又被称为"丘比特与赛姬的故事"。

也不断地请卫兵们喝酒。当卫兵们都醉倒后,他从城墙上把死去的兄弟的遗体弄下来,并剃了卫兵们的右颊后回家了。(第三段)国王知道后大怒,把自己的女儿送去娼家,命令她不拘任何男人一律接待,但是要让他们说出他本人做过的最聪明的和最邪恶的事情,如果有人说了这个盗贼的事情就抓住他,不许他逃跑。而盗贼知道国王的意图,就想在计谋方面胜过国王。他从一具刚死的尸体上割下一条手臂,去国王女儿那里并回答说他做的最邪恶的事情是割下了兄弟的头,而最聪明的事情是灌醉卫兵并把兄弟的尸体带走了。国王的女儿想抓住他的手臂,他便让她抓住尸体的手臂,自己逃走了。(结局)国王对这个人的狡猾和大胆深为惊服,便发布命令说如果这个人前来谒见国王,国王答应不仅赦免他的罪名,并且给予重赏。当这个人去谒见国王后,国王还把自己的女儿嫁给了他。(第二卷·121)

拉姆普西尼托司这个名字是被编造出来的,源于埃及第十九和第二十王朝数次出现的国王拉美西斯的名字。希罗多德说这个故事是埃及的祭司告诉他的,但其实在希腊也流传有类似的故事。

奥尔霍迈诺斯(波也奥西亚[1]地区的古都)的国王厄耳癸诺斯与年轻的妻子生下了特罗丰尼厄斯和阿伽墨得斯。特罗丰尼厄斯被认为不是厄耳癸诺斯的儿子,而是阿波罗的神之子,我与去接受有关特罗丰尼厄斯的神托的人都对此深信不疑。据传,兄弟二人长大后成为善于建造众神的圣域和人间的王宫的名人,建造

---

[1] 今称为维奥蒂亚州。

了戴尔波伊的阿波罗神殿和国王修里厄斯（波也奥西亚地区的王）的宝藏库。他们在建造时会设计外墙上的一块石头能够被取出，于是二人就经常偷窃一部分收藏品。修里厄斯看见钥匙和封印都原模原样，而财宝却越来越少，很是惊讶。于是他在装金银的瓮上安装了一个陷阱，可以让偷偷潜入偷取财宝的人无法动弹。阿伽墨得斯潜入后被陷阱困住，于是特罗丰尼厄斯就砍下了他的头。这是为了避免天亮后他的兄弟遭受拷问而供出自己。后来大地裂开，特罗丰尼厄斯掉了进去。现在在利瓦迪亚的森林中有一个"阿伽墨得斯之穴"，在它旁边有一个石柱，这就是当时特罗丰尼厄斯掉下去的地方。

——保萨尼亚斯《希腊志》九·37·5 以下

这样看来，这个故事的起源地可能是埃及或是希腊，但其实在印度也有类似的故事。这是释迦牟尼《本生经》之一，在公元前285年汉译的《生经》（第二卷《佛说舅甥经》第十二，收录于"国译一切经"[1]本缘部十一）当中的故事。

（起因）舅舅和外甥都是国王的纺织师，他们看到宝物库的财宝起了欲心，便挖了地下道偷窃财宝。（第一段）国王预料到盗贼会再来，严加警戒。外甥让舅舅背朝后进入宝库，舅舅被卫兵捉住后，外甥就割下舅舅的头回去了。（第二段）国王将无头尸体放在十字路口，等待哀悼哭泣的人出现；几天后，有商人驾两辆载满柴草的车堵在了路口，和行人在这里大吵一架，而后把柴草覆在了尸体之上；国王得知后，又下命令看守留意有没有

---

[1] "国译一切经"是日本佛典丛书之一。

人来点着柴火并捡骨头。(第三段)国王又让女儿打扮后在大河旁的屋子里等待男人出现。(第四段)公主为这个外甥产下一名婴儿,国王就让奶妈抱着婴儿到处走,看有没有人来亲吻婴儿。(结局)外甥在他国成了大臣,迎娶了故国的公主。

上面省略了描述盗贼之狡猾机敏的部分,只交代了概略。将其与"拉姆普西尼托司的宝藏"进行比较,可见第二段的意象在这里增加成了三重,并且多增加了第四段。这也是为什么一般认为希罗多德所记载的故事是更加详细的故事版本的概要。早就有研究指出,《生经》里的这个故事通过佛教百科全书《法苑珠林》(668年)体现在了《今昔物语集》第十卷"震旦之盗人入国王仓库盗取财富并杀父之语"第三十二的故事当中。有关主人公,虽然之前介绍的特罗丰尼厄斯和阿伽墨得斯是兄弟,但也有外甥与舅舅的版本(阿里斯托芬《云》508的古注),这与《生经》里的故事不谋而合。此外还有克什米尔的诗人苏摩提婆(即月天)的《故事河海》(11世纪)中"卡尔帕拉与戛塔的故事"、约翰内斯(Johannes)的《多罗帕托斯或国王与七贤人》[1](*Dolopathos or the King and the Seven Wise Men*,1185年前后)中出现的"宝物库"都是"拉姆普西尼托司的宝藏"的类似故事,但它们各自独特的润色颇有意思。关于这个故事,加斯顿·帕里斯[2](G. Paris,1839—1903)、彭泽[3](N. M. Penzer,1892—1960)、田中於菟弥、松原秀一等都做过详细的论证和考察,但其起源地和传播途径貌似尚无定论。

[1] 作者据传为12世纪后叶至13世纪、法国洛林地区的西多修道院的修道士约翰内斯。
[2] 法国的文献学家、语言学家和作家。
[3] 英国学者,皇家地理学会的会员,从事东方学研究。

希罗多德从埃及的祭司那儿听取了历代诸王的事迹，其中就有"拉姆普西尼托司的宝藏"这个故事。他没有怀疑这是否是发生在拉姆普西尼托司时代的真实事情，而是将其作为埃及人所说的惊奇之事原原本本地记录了下来。《历史》当中还有多个民间故事类的记载，其中有一些可以认为是希罗多德将故事与《历史》的主题关联起来而讲述的。关于这部分内容将会在本书第二部介绍。

第三章 | 对希罗多德之评价的变迁

修昔底德——最初的批判者

希罗多德与修昔底德都被认为是历史记述的标准,继承修昔底德的同时代史至少有三篇存留至今,而希罗多德却未有后继者出现(参照第3页以下)。那么,相差近二十五岁的二人是否有过交集呢?

据马塞林努斯[1](Marcellinus)的《修昔底德传》(54)记载,"希罗多德发表自己所作的《历史》时,修昔底德曾去过朗读现场,听着听着流下了感动的泪水。见状,希罗多德对这位少年的父亲说,'奥洛罗斯,您的儿子具有极强的学习热情'"。希腊的传记作家总是喜欢让名人有所因缘关联。比如有传记记载道,在希腊人于萨拉米斯大破波斯海军的公元前480年,埃斯库罗斯作为海军奋勇战斗,索福克勒斯指挥庆祝胜利的少年合唱团跳舞歌唱,欧里庇得斯则在萨拉米斯岛上呱呱坠地,但考虑到这三大悲剧诗人的年龄,即可得知这是不可信的。因此马塞林努斯的这段记载也大可不必当真。不如说,修昔底德是作为希罗多德的最初

---

[1] 罗马历史学家。

的批判者出现的。修昔底德在记述伯罗奔尼撒战争前阐述了自觉的方法论,其中有下述的段落。

> 但是,我相信,我根据上面的证据而得到的结论是不会有很大的错误的。这比诗人的证据更好些,因为诗人常常夸大他们的主题的重要性;也比散文编年史家(logographos)的证据更好些,因为他们所管辖的不在于说出事情的真相而在于引起听众的兴趣,他们的可靠性是经不起检查的;他们的题材,由于时间的遥远,迷失于不可信的深化境界中。考虑到研究古代历史的话,我的记述可以说都是基于最明显的证据而得到的合乎情理的正确结论。[1]
>
> ——《历史》第一卷·21

> 我这部历史著作很可能读起来不引人入胜,因为书中缺少虚构的故事。但是如果那些想要清楚地了解过去所发生的事件和将来也会发生的类似的事件(因为人性总是人性)的人,认为我的著作还有一点益处的话,那么,我就心满意足了。我的著作不是想为了赢取奖赏,而是想垂诸永远的。[2]
>
> ——《历史》第一卷·22

修昔底德在粗略地记述了希腊人四处迁移、尚未形成 Hellas(希腊)这个总称的遥远时代开始到特洛伊战争、希腊波斯战争

---

[1]《伯罗奔尼撒战争史》,[古希腊]修昔底德著,谢德风译,商务印书馆,2009年。根据日文译本有些微改动。
[2]《伯罗奔尼撒战争史》,[古希腊]修昔底德著,谢德风译,商务印书馆,2009年。根据日文译本有些微改动。

乃至伯罗奔尼撒战争爆发之前的状况后，宣称自己的著作与润色美化以往事件的叙事诗和并非追求真实而是以娱乐为目的的散文作品完全不同。虽然在后来，logographos（写故事的人）专指那些代写法庭辩论的专家，但在这里是指与用韵文创作的诗人相对的、用散文写作、特指用故事的风格记录过去事件的历史作家。一直以来，研究者们都认为修昔底德批判散文编年史家，在说"我的著作……缺少虚构的故事"时所想到的是希罗多德。最近出现了一种新的观点，认为修昔底德批判的是普通的历史作家，或是新兴的智辩家。然而笔者并不赞成这种观点，因为有几个理由让我们相信他批判的对象正是希罗多德。

首先，修昔底德是在非常在意希罗多德的序文的情况下起草自己的序文的，并且在自己的序文当中否定了希罗多德的历史方法。他将自己著作的主题定为"伯罗奔尼撒人与雅典人的战争"，并将记述的内容限定为同时代的政治及军事史，以此批评希罗多德记述了非亲眼所见的以往时代以及语言不通的远方国度之事（参照第25页）。

其次，修昔底德对希罗多德的《历史》中的细节修正非常多，让人不禁以为他写作时手边就放着一本该书。如，希罗多德说希腊人中第一个想取得制海权的是波律克拉铁斯（第三卷·122），而修昔底德则追溯到传说中的克里特国王米诺斯（一·4）；希罗多德表示斯巴达有一个名为庇塔涅（或"彼塔那"）的军团，而修昔底德则表示这个军团并不存在（一·20）；有关萨拉米斯海战时雅典人提供的船只，希罗多德记载有180艘（第八卷·44），修昔底德则修正为应是400艘中的约三分之二(一·74)。雅典的僭主佩西司特拉托斯根据神托的指示净祓了狄罗斯岛,希罗多德还详细记述到这次被除祭典的范围仅限于神殿四周目所能及的范围(第一卷·64),修昔底德也未省略这一部分的内容(三·104),让人推测修昔底德在这部分参照了希罗多德。有关颇为有名的同性恋人哈尔莫狄欧斯和阿里斯托盖通杀死雅典僭主一事,希罗多德只是简单提及(第五卷·55),而修昔底德则为了纠正不准确的传闻,对此进行了详细的说明(一·20及六·53以下),或许是为了对希罗多德的这部分进行补充。

还有,在前述表示修昔底德的方法论的段落中,"不是想为了赢取奖赏"这句话值得注意[1]。"为了赢取奖赏(之物)"的原文是agonisma,这是agon(竞争)——表示运动竞技、戏剧的竞演、音乐的技巧和辩论术的竞争等希腊人喜欢的一个词——的派生词,意思为"比赛,或是为了比赛的表演"。在兴起了哲学与科学的伊奥尼亚地区,知识人都竞相以书籍或口头的形式发表自己探究的成果,希罗多德在《历史》一书中各处阐述的论证性的主张也可以认为是一种发表自己成果的展示(参照第34页),而"为了赢取奖赏的发表"正是agonisma。修昔底德将自己的著作非常高调地定位为"垂诸永远",可见他将agonisma视为一时的娱乐。

如前所述,可见修昔底德是对希罗多德进行批判的,但笔者尚有一个疑问。即,修昔底德这般的史家真的会理解不到希罗多德的《历史》所想传达的讯息吗?因为笔者认为,这两位历史学

---

[1] 中文译本的译文为"为了迎合群众一时的嗜好"。

家对历史的观察具有共通之处。

在开始记述伯罗奔尼撒战争之前,修昔底德表示,只要人性不变,那么总是会发生类似的事件,那时若自己的著作还有益处便心满意足了(一·22)。在开战第二年,一场严重的瘟疫袭击了雅典,造成了大量的死亡,甚至也夺走了伯里克利的生命。修昔底德把瘟疫的起因和源头等问题留给大家考虑,自己则专注于记录详细的病状(二·48)。希罗多德也明白这种记录的意义。他表示埃及人的发明所涉及的征兆之种类非常多,"当一件有征兆(天地异变)的事情发生了,他们便注意到它所引起的后果并把它记载下来;如果同类的事情又发生了,他们便认为会发生类似的后果"(第二卷·82)。不仅如此,希罗多德还根据相似的事情会引发类似的结果这一原理,将吕底亚国王克洛伊索斯与波斯帝国四代帝王的事迹模式化地来进行描写。很难考虑修昔底德没有察觉到这种模式化所具备的预言特性。因此笔者认为,修昔底德在认同希罗多德的同时,也意识到记述当下的这场大战争时无法采用希罗多德的方法,而为了展开自己的严密的方法论,就不得不对希罗多德进行批判。

克特西亚斯——"五十步笑百步"

第一个点名批判希罗多德的是尼多斯的克特西亚斯。尼多斯位于希罗多德的出生地哈利卡尔那索斯的南边,与科斯岛并称为医学的中心。克特西亚斯是波斯国王阿尔塔薛西斯二世（公元前405/前404—前359/前358年在位）王室的御医。他的著作《波斯史》共二十三卷，虽然失传了，但在君士坦丁堡的宗主教、大学者的佛提乌（810—893年前后）的《群书摘要》（*Bibliotheca*）中留有提要。

我阅读了尼多斯的克特西亚斯所著的二十三卷《波斯史》。著者在最初的六卷之中讲述了亚述的历史以及波斯之前的历史，第七卷之后详述了波斯历史。第七卷至第十三卷详述了居鲁士、刚比西斯、玛哥斯僧、大流士、薛西斯的各代历史，其内容基本上是完全与希罗多德对立的，并且多次批判希罗多德为说谎者，贬低他为散文编年史家。这是因为著者是希罗多德的后辈。并且著者表示，自己所记述内容的大部分都是自己亲眼所见，无法亲眼所见的则是从波斯人那儿亲自听来的。著者的记述不仅几乎与希罗多德对立，并且在多处与格吕卢斯之子色诺芬的记载也有所出入。

——克特西亚斯，证言八

克特西亚斯是波斯宫廷的御医，且据说能接触到王室文书，但他的记事却充斥着流言以及宫廷八卦，且为了追求与希罗多德的不同而犯下了一些错误。2世纪的作家琉善在空想游记中造访了惩罚之岛，说在那里"接受最重惩罚的是生前撒谎之人和书写非真实历史之人，有尼多斯的克特西亚斯、希罗多德以及许多人"

(《真实的故事(第二部)》[1] 31)。

亚里士多德——诗与历史

亚里士多德在其内容庞大的著作中从未明确引用过修昔底德,但从希罗多德的书中引用了诸多民族志和自然志等方面的知识,并且似乎认为希罗多德是历史领域的代表。但若希罗多德知道亚里士多德如下述这般评论自己,恐怕会怅然若失吧。

历史学家(histórikos)和诗人(poiētés)的区别不在于是否用格律文写作(希罗多德的作品可以被改写成格律文,但仍然是一种历史,用不用格律不会改变这一点),而在于前者记述已经发生的事,后者描述可能发生的事。所以,诗是一种比历史更富哲学性、更严肃的艺术,因为诗倾向于表现带普遍性的事,而历史却倾向于记载具体事件。[2]

——《诗学》1451b

亚里士多德在此所说的诗人是指荷马、悲剧诗人、中期喜剧之后的喜剧诗人,他们的"表现带普遍性的"作品是先按照"可然"的原则编起情节框架,赋予登场人物名字,再现模仿事件。与此相对,历史则是仅仅记录某个人所做的事或是发生在某个人身上的事,因此是具有个别性的。若是像编年史那般,不讲究脉

---

[1] 又译作《信史》。
[2] 《诗学》,[古希腊]亚里士多德著,陈中梅译,商务印书馆,1996年,第81页。

络和因果关系,只是罗列某段时间内发生的事件,则确实如同亚里士多德所言。但修昔底德基于坚信将来会发生类似的事情所以留下了"伯罗奔尼撒战争史",希罗多德也赋予"希腊波斯战争史"预言的特性,所以亚里士多德将历史视为个别性的评论应当是不妥的。

另外,亚里士多德在有关鱼的生殖的论述(《论动物生成》756b)中应该是意识到了希罗多德《历史》第二卷·93的内容,将希罗多德称为"叙说荒唐无稽之人"。[1]可见他将historie一词作为历史的意义来使用——而这一词语在他之前一百年只有探究之意——却并不认为这一词语能表示"传递真实的研究"。

埃及人的批判

若有学识的埃及人说希罗多德《历史》第二卷的"埃及志"错误连篇,不知希罗多德的立场是否会尴尬呢?曼涅托于公元前3世纪初叶担任尼罗河三角洲的宗教都市赫利奥波利斯的高等神官,著有涉及神话时代至公元前342年的《埃及史》三卷。他正是这么批判希罗多德的。曼涅托的著作已失传,只有残篇保存下来。犹太历史学家约瑟夫斯(37/38年出生)为了论证犹太民族的古老而著的《驳斥阿比安》(一·14·73)中有如下观点。

我想先谈一下埃及人的书物。虽然我无法提供他们所写的

---

[1] 苗力田主编的《亚里士多德全集·第五卷》(中国人民大学出版社)中这一段的翻译为"渔夫并未注意到这件事实,却看见雌性吞食精液和卵,因而人云亦云,重述着寓言家希罗多德编织的同一个古老而愚蠢的传说"。

原文。曼涅托虽是埃及人，但从他用希腊语书写祖国历史这一点来看，毫无疑问是接受了希腊教育的。据他自己所言，他翻译了神圣的文书。他还批评道，对埃及的无知导致希罗多德谎言连篇。

——曼涅托《埃及史》残篇42（洛布版本[1]）

下面列举一个能够对照希罗多德和曼涅托二人的记述。希罗多德记述了埃及国王塞索斯特里斯的事迹。希罗多德说他是史上首次率领舰队从红海出发征服印度洋沿岸住民之人，且在陆地上席卷亚细亚与欧罗巴，达成了连波斯帝国全盛时期的大流士都未能做到的平定斯奇提亚。

祭司们又说，这个塞索斯特里斯在他带着他从被征服的各国得来的大批俘虏回国时，他的那个在他离开时曾被他任命为埃及总督的弟弟在佩鲁希昂的达普纳伊迎接他，并且请他参加宴会，他和他的儿子们都参加了这个宴会。于是他的弟弟便在那一建筑物的四周堆积了大量的薪材，这样做完了之后，就把它点着了。当塞索斯特里斯知道发生了什么事情的时候，他立刻便接受了陪他一道赴宴的他的妻子的忠告，把他们的六个儿子中的两个儿子投到火上作为火焰中的桥梁，这样就可以使他们其余的人踏过这两个人而逃跑了。塞索斯特里斯照着她的话做了，因此他本人和他其余的孩子便得了救。但他的两个儿子却活活地被烧死了。

——第二卷·107

[1] 洛布指"洛布古典丛书"，西方古典作品的丛书，丛书均为希英或拉英对照，帮助读者理解原文。

阿美诺匹斯之子是赛托斯,又被称为拉美塞斯。他因要出发远征,便全权委托其兄弟哈尔玛依斯统治埃及,命令其兄弟不能戴王冠、不能危害他的王妃、不能染指他的侧室。他征服了塞浦路斯、腓尼基、亚述、美地亚后继续东征。在此期间,在本国的哈尔玛依斯却染指了王妃及国王的其他妃子,并且在其亲信的唆使下戴上了王冠。祭司长写信告知赛托斯后,赛托斯立即返回贝鲁西亚,夺回了自己的国家。这片国土因为他被命名为埃古普托斯〔埃及〕。因为赛托斯被称为埃古普托斯,而哈尔玛依斯则被称为达那俄斯。

——曼涅托《埃及史》残篇 50(洛布版本)概要

曼涅托所说的赛托斯即与希罗多德所说的塞索斯特里斯相对应。学界一般认为,这个名字是以埃及第十二王朝(公元前 1991 年前后—前 1786 年前后)的辛努塞尔特为原型编造出来的,糅合了辛努塞尔特(一世与三世)的霸业、第十九王朝的拉美西斯二世(公元前 1304 年前后—前 1237 年前后)与第二十三王朝的舍顺克一世(公元前 945—前 925 年前后)等的事迹,最终形成了塞索斯特里斯传说。有关这篇记述,希罗多德并非像曼涅托所批判的那样是谎言连篇,他只是将埃及祭司告诉他的内容记载下来而已。

希罗多德与曼涅托记述的是同一梗概,即在国王远征途中,其兄弟谋反篡位,但曼涅托却没有讲述建筑物被烧的这一段。西西里的狄奥多鲁斯对塞索斯特里斯的记述之详尽远胜于希罗多德，他的记述始于塞索斯特里斯出生。在他的版本中，确实有建筑物被烧的这一段，但没有谈及跨越火海时的人桥部分（《历史集成》一·57·6—8）。然而，在谜团重重的哲学家毕达哥拉斯（公元前570年前后出生）的传记当中却出现了这一部分。毕达哥拉斯在意大利南部进行数学与哲学研究的同时，也与信徒们形成了施行宗教性质生活的一派。但由于毕达哥拉斯学派也进行政治活动，且赞成寡头政治，这使得毕达哥拉斯遭受政治迫害。有关他的去世有诸多说法，有说法认为他遭受火烧、逃入神殿后绝世而亡，也有说法认为他是在暴乱中被杀死的，等等（第欧根尼·拉尔修《名哲言行录》）。但其中颇有意思的一种说法来自于新柏拉图派的哲学家波菲利（234年前后—305年前后）。据他所称，"据传毕达哥拉斯自己逃进了梅塔庞通的缪斯神殿，但在没有食物的情况下过了四十天后死去。另一种说法主张，当众人聚集的建筑物着火后，弟子们纷纷投身火海，用身体架起了一座桥，让师父渡过火海。毕达哥拉斯虽然逃离了火海，但因众弟子丧命感到绝望而自杀"（《毕达哥拉斯传》57）。在火海中架起人桥的意象或许是希罗多德后加入塞索斯特里斯事迹中的。

普鲁塔克的"恶意"

本书开篇介绍了西塞罗的"历史之父希罗多德和塞奥彭普斯也创作了许多故事"这一观点，切实反映了公元前1世纪时对希罗多德的普遍看法。在此介绍普鲁塔克（50年前后—120年前后）的观点。他是生活在罗马时代的希腊人，作品丰富，是古代著名的知识人。

"历史学家在写地志时，总是将自己知识所不能及的部分驱赶到地图的角落，并标上'更远处便是野兽横行的干燥沙漠''一望无际的沼泽''斯奇提亚的冰原'等注明"（《比较列传》忒修斯传·一）——普鲁塔克在做出这般评论的时候，所想到的历史学家中必然有希罗多德。但这一段其实是为了辩解——传记作家在涉及忒修斯这种半神话人物时也无法避免不准确性——并非就是对希罗多德的批判。但是他的《论希罗多德之阴险》可谓史上最细致的对希罗多德的攻击。正如他的文中所宣称的"我是为了给祖先——大约六百年前的祖先——与真理报仇而写此文"（854F）那样，这是源于普鲁塔克的私人恩怨。

根据希罗多德的记述，前来参加普拉塔伊阿之战的波斯军有三十万人，迎击的希腊军包括重武装兵和轻武装兵一共十一万人，但除此之外还有贝奥提亚人和帖撒利亚人等约五万希腊人站在波斯一方进行战斗（第九卷·30-32）。在贝奥提亚地区的底比斯，亲波斯的寡头派势力强大，希罗多德在书中多次描写了报复希腊的底比斯人的行为。首先，当波斯大军行进到贝奥提亚地区时，底比斯人对波斯将军玛尔多纽斯献策说，波斯人可以贿赂希腊诸城邦的当权人物，展开分裂工作，这样就可以不用战斗而降服希腊了（第九卷·2）。然而这其实是底比斯人的苦心之策，因为从波斯大军的行军路线上来说，无论他们站到哪一方阵营都会蒙受巨大的战祸。

其次，当两军隔着河岸对峙时，波斯的骑兵部队一直在迫击和困扰希腊军。而希罗多德对此表现出非常辛辣的态度："这是因为十分热心地站到美地亚人一方面去的底比斯人拼命地想接战，他们不断地把战争推进到真正动手的程度。然而在那之后他们却退后了，树立战功显示勇武的是波斯人和美地亚人。"（第九卷·40）当战斗开始后，很多加入波斯阵营的希腊人不想与同胞作战，故意表现得很差，但希罗多德却说："例外的只有贝奥提亚人；他们和雅典人战斗了很长的一个时候。原来站到波斯人一方面的那些底比斯人在战斗中是相当卖气力的，而且也无意于在战斗中故作松懈，结果他们当中有三百名最优秀的一流人士在那里死在雅典人的手里了。"（第九卷·67）在战斗之后，希腊军进军底比斯，要求他们交出亲波斯派的主导者，然后将他们处死了（第九卷·99）。

普鲁塔克生于贝奥提亚地区的喀罗尼亚，他愤怒于希罗多德如此描述他的同乡底比斯人，因此写下了《论希罗多德之阴险》。普鲁塔克认为，希罗多德不仅强调并数落底比斯人和科林斯人的背叛，还贬低了雅典与斯巴达拯救希腊的功绩。他说，希罗多德把所有的事物都从不好的方面进行说明，并且为了说坏话不惜歪曲和捏造事实。如此这般，普鲁塔克从《历史》的记述中提取出多个事件，试图针对每一处来论证希罗多德性格之阴险。普鲁塔克被称赞具备博识与良知，然而他在这篇文章中的论调反而充满了恶意，里面的论点有很多都是令人不快的吹毛求疵。

希罗多德的赞美者

除了上述涉及的人物之外,还有不少批判希罗多德的作品。如瓦莱里乌斯·波利奥[1](Valerius Pollio)的《论希罗多德的剽窃》(2世纪前半叶),瓦莱里乌斯·哈玻克拉奇翁[2](Valerius Harpocration)的《论希罗多德的谎言》(2世纪末?),代表古希腊教养的最后的文人利巴尼奥斯的《驳斥希罗多德》(4世纪)等。这些文章虽然失传了,但从标题可推测到大概的内容。在充斥着这般论调的古代,唯独一人没有对希罗多德恶言相向,那便是狄奥尼修斯。他是批评家、历史学家,与希罗多德同出生于哈利卡尔那索斯,曾在奥古斯都大帝统治下的内乱平息后的罗马作为修辞学教师评论古往今来的辩论家,还写下了巨著《罗马古代史》20卷,因此也留下了对历史的考察。他曾比较希罗多德与修昔底德,做出了如下评价。

历史学家应该考虑的第三点是,记述什么、省略什么。而我认为在这方面修昔底德不及希罗多德。在长篇的叙述中若有一定的张弛,能使得听众心情愉悦,但若在同一处持续紧张的氛围,听众会厌倦,觉得枯燥。希罗多德非常清楚这一点,所以他注重让描写变化丰富,力求不输于荷马。正因如此,我们才会对他的书爱不释手,一旦拿起,直到读至最后的音节都不停地赞叹,总是想要读到更多。而修昔底德的书中则是一场战争连着下一场战争,战备之后又是战备,演说之后还是演说,充满了令人窒息的

---

[1] 古代哲学家,生活在罗马帝国安敦尼王朝的第三位皇帝哈德良统治的时代。
[2] 古希腊语法学家,据推测很可能生活于公元2世纪。

不间断的战争描写，让听者感到精神疲惫。

——《写给庞培的书简》三·11·1以下

由于狄奥尼修斯是修辞学学者，所以他从文章作法的角度赞美希罗多德。就连琉善也有类似的看法。虽然他在《真实的故事》中把希罗多德写成因书写非真实的历史而于死后在惩罚之岛接受惩罚，但他在《应当如何记述历史》当中肯定了修昔底德的方法论的同时，还在《希罗多德或阿厄提翁》当中表示希罗多德的文章具备诸多优点，希望自己也能模仿其一二。

希罗多德的复起

最初被修昔底德打上的"虚构的故事"的烙印逐渐变成"说谎者"，且一直持续到后世，直到16世纪，希罗多德才得以洗雪污名。其原因有二。其一，15世纪大航海时代揭开序幕，外交使节、传教士、探险家们前往世界各地旅行探险。他们收集到的各种罕见的民俗习俗和口头传承等足以说明希罗多德的记述并不是荒唐无稽之谈。其二，在16世纪初叶开始兴起的宗教改革运动中，将《圣经》视为信仰的最直接依据之精神使得对《圣经》的历史学研究复兴。在这种情况下，与其说希罗多德的《历史》成了对《旧约圣经》的补充性文献，不如说在东方学尚未兴起的时代，对埃及、巴比伦、波斯等进行研究时最可靠的史料就是

《历史》。

1453年，君士坦丁堡被攻陷，东罗马帝国灭亡。在此前后，诸多希腊学者纷纷逃往意大利，在西欧世界里教授希腊语的同时也推进了希腊文古典的拉丁语译本。人文学者洛伦佐·瓦拉在1457年完成希罗多德《历史》拉丁语译本的翻译，并于1474年在威尼斯刊行。早在13世纪后半叶开始到15世纪后半叶完成了拉丁语文学的复兴与再生，此时再加上文艺复兴的机运、拜占庭文化艺术的西传、古登堡印刷技术的发展等天时地利，使希腊古典也得到了再生。

当希罗多德在欧洲为人所熟知后，修昔底德和普鲁塔克以来的对希罗多德的批判也再次卷土重来，但也出现了反对这些批判的学术性论说。以刊行了斯特方版《柏拉图全集》——至今仍是柏拉图作品页、节序号的基准——而闻名的亨利·艾蒂安（拉丁语为Henricus Stephanus）曾写过《为希罗多德辩明》一文，其中论述道，世上盛行的希罗多德批判只是对古代人的意见囫囵吞枣而已，只要与大航海时代带来的民族志的知识与见闻比较即可知道希罗多德的记事绝对不是虚妄之言。

恢复名誉后的希罗多德在古代历史学家当中相较而言颇受重视。曾有研究调查了在1450年（活字印刷术开始实用化）到1700年（古典文化与近代文化以"书籍战争"的形式展开论争，古典派已不再处于优势）之间印刷刊行的希腊罗马历史学家著作数量，可认为该调查能成为衡量历史学家受欢迎程度的大概尺度（表1）。

表1 希腊·罗马历史学家的刊行本数比较

	刊本合计	罗马/希腊原典：近代语译	数量较多的前三国语言
撒路斯提乌斯《喀提林阴谋》	282	229∶53	法17　意12　西7
瓦莱里乌斯·马克西姆斯《善言懿行录》	198	165∶33	意11　法10　德8
恺撒《高卢战记》	189	113∶76	法27　意26　德9
提图斯·李维《罗马史》	160	83∶77	德32　意19　法9
塔西佗《编年史·历史》	152	75∶80	法33　意21　英7
弗罗鲁斯《罗马史纲要》	147	114∶33	法14　意7　德4
约瑟夫斯《犹太古史》	73	14∶59	德23　意15　英7
普鲁塔克《比较列传》	62	27∶35	法10　意9　英7
色诺芬《居鲁士的教育》	54	38∶16	英5　意5　法4
希罗多德《历史》	44	31∶13	意5　法4　德3
修昔底德《历史》	41	18∶23	法11　英5　伊5
波利比乌斯《通史》	36	18∶18	法7　英5　意5

P. Burke, "A Survey of the Popularity of Ancient Historians,1450-1700", *History and Theory*, 5（1966）.
塔西佗的《日耳曼尼亚志》、色诺芬的《长征记》多与其他作品汇集成一本，因此未计入统计。
塔西佗的《编年史·历史》的对译版在合计一栏中作为1计入。

见表可知，在这 250 年间，希罗多德的原典被刊行 31 次，意大利语、法语、德语等其他近代语译有 13 次，共计被刊行 44 次，超过了修昔底德的 41 次。波利比乌斯的《通史》是 36 次，西西里的狄奥多鲁斯的《历史集成》与卡西乌斯·狄奥的《罗马史》都是 25 次。希腊语作品当中，超过希罗多德的作品有色诺芬的历史小说《居鲁士的教育》、当代也很受欢迎的普鲁塔克的《比较列传》和约瑟夫斯的《犹太古史》。但即使是希腊语作品首位的约瑟夫斯的作品，刊行数也不到拉丁语史书排位最低的弗罗鲁斯《罗马史纲要》的一半，远不及拉丁语第一名的撒路斯提乌斯的《喀提林阴谋》(282 次)和《朱古达战争》(271 次)。可以说，文艺复兴首先是拉丁语文学的复兴，但希腊语文本出版刊行较少的背后也有希腊语活字制作困难的客观难题。在这种情况下，可以说希罗多德的作品还是颇有竞争力的。

"希罗多德是说谎者"——依旧存在的观点

近现代的希罗多德研究始于 19 世纪后半叶，当时认为希罗多德的著述并不是自己的调查结果而是引用编辑先行文献的怀疑论占据主流。进入 20 世纪之后，经过将之前研究集大成的雅各比的彻底的分析论述(参照第 64 页)，如今处于优势的态度是按照传承本身来品味、解释希罗多德，但仍时不时会出现"希罗多德是说谎者"的论调。最系统地展开这种议论的当属德特勒夫·斐林（D. Fehling）的著作《希罗多德书中的信息来源明示》（*Herodotus and His 'sources': Citation, Invention and Narrative Art*）。他的主张为，希罗多德明确记载了信息来源的记述既不是引用自文献，也不是汲取自口头传承，而几乎全是文学性的创作，并且这种创作基于三个原则：第一，以事件的当地居民或登场人物的相关者作为信息来源；第二，当信息提供者不得不说出不利于自身的情况时会保持党派性的立场；第三，即便是难以认为是希罗多德亲自接触过的信息，也要保持一定的真实性，如列举一些编造的数值或固有名词、刻意表现出无知等。

例如，当以雅典为目标进军的波斯军队在攻陷阿波罗神托所戴尔波伊时，天上降下雷击袭击了他们，帕尔那索斯山的岩石掉下来压死了许多波斯人，且从神殿内传来了喊叫和呼声。希罗多德表示，他听说，逃回阵营的那些波斯人说，有两个异常高大的武装兵紧追着杀戮他们（第八卷·38），对此，"戴尔波伊人说，这两个人乃是当地的英雄（半神），名字叫做披拉科斯和奥托诺斯"（第八卷·39）。对此，斐林认为，两军都看到不现实的现象是令人难以相信的，况且希罗多德是怎么碰巧遇到逃回去的波斯人的呢——关于这一点，希罗多德并没有直接说见到了这群波斯人，而是很狡黠地说"我听说"；还有，波斯人诉说被两位巨人追杀，戴尔波伊人叙述两位巨人的名字，这种信息来源的分配实在过于巧合了。因此这原本应该是戴尔波伊人叙述的一件事情，而希罗多德通过从波斯人和戴尔波伊人双方的视点来叙述此事，以达到看似真实的效果。

在斐林看来，一件出现了两个以上的信息来源的事就必定是希罗多德的虚构。例如，在论述住在黑海东岸的科尔启斯人和埃及人肤色都是黑的、毛发都是卷曲的，用同样的方法实行割礼、栽培亚麻，因此他们应该是同一民族时，希罗多德说"在我开始想到这一点的时候，我便在科尔启斯和埃及两地对当地人加以探询。我发现科尔启斯人对于埃及人的记忆比埃及人对科尔启斯人的记忆更要清楚"（第二卷·104）。又如有关普洛孔涅索斯（马尔马拉海的马尔马拉岛上一都市名）出身的诗人阿利司铁阿斯的故事。据希罗多德记述，他由于被阿波罗附体，来到了比北方斯奇提亚还要远的伊赛多涅斯人的土地，并创作了叙事诗《独眼族的故事》，但是根据普洛孔涅索斯人的说法，他进入一家漂布店并且死在店里了。当这个消息传遍全城时，一位来自库吉科斯（马尔马拉海南岸的城市）的男人却说他在路上遇见了阿利司铁阿斯。而在二百四十年后，美塔彭提昂人说阿利司铁阿斯出现在他们的城市里。（第四卷·13—15）像这样有两个以上信息来源的记载，都被认为是希罗多德的虚构故事。

没有论据就认定希罗多德的记载是虚构的情况也不少。

斯奇提亚人为了他们自己饮用的乳而把他们的奴隶的眼睛都给弄瞎了；他们是这样做的。他们拿一种和横笛非常相似的骨管，把它插入母马的阴部并且用嘴来吹这种骨管；一些人在这边吹，另一些人则在那边挤奶。他们说，他们这样做的理由是这样，他们这样吹是为了使母马的血管膨胀，因此它的乳房便可以被压下来了。

——第四卷·2

斐林认为这一习俗是希罗多德的空想,但有研究表明苏丹南部的努尔族和蒙古的卡尔梅克族在取牛奶时也会采取同样的办法。写过民族学相关著作的斐林为什么不提及这些事例实在是令人费解。

斐林的著述问世不久后,笔者就有机会在书评中对此进行批判(《西洋古典学研究》22,1974年),但据之后出版的该书英译本的著者序言所说,原书直到1983年都基本被无视,甚少成为书评的对象。不过普利切特在1993年发表了对其进行详细批判反驳的著述(W. K. Pritchett, *The Liar School of Herodotos*)。

第二部

畅游于作品的世界——将世界视为统一整体的《历史》

第一章 | 主题与构思

对时间的处理

《历史》的读者在阅读时难免会感到困惑。书中从一个事件转到另一个事件、从一个话题跳到另一个话题的情况很多,希罗多德的叙述会时不时转移、跳跃,甚至脱线。较短的篇幅尚好,但有时会出现忘记主线的大篇幅的描述,这容易使读者难以辨别某件事是何时何地发生的事情。确实,对于习惯了现代史书的我们而言,希罗多德这种不是严格遵守年代顺序的记述很容易让我们困惑。但书中有一处例外,是在波斯军队入侵无人的雅典城时,他明示了该事件发生在卡里亚戴斯担任执政官(archon)的年份,即公元前480年。而这次例外发生在《历史》接近结尾的第八卷·51处,若此举是为了提示作为判断基准的年代,也未免过迟了。希罗多德在该处明记"当时卡里亚戴斯正是雅典的执政官",是因为恰好情报来源有提到所以如实记录了下来,还是为了明示因正好遇上古代奥林匹克之年以至于援军未能及时到达,我们不得而知。

希罗多德执笔时,并未产生能供他使用的纪年法。自公元前

776年起,每四年会在夏天举办一次奥林匹亚竞技会,以此为基准的奥林匹亚纪年法在公元前4世纪末才被提出。在雅典,是以每年夏至后最初的新月(现在的7月份左右)作为一年的开始,并以当年执政官的名字来表示年代,但这无法适用于其他地区。不仅如此,作为历史记述的类型,无论是修昔底德采用的编年体,还是中国古代正史采用的纪传体,都不存在于希罗多德的年代。希罗多德若要成为"历史之父",则不得不提出一套处理时间的方法。

《历史》的起点是"最初开始向希腊人闹事的那个人"(第一卷·5)即克洛伊索斯成为吕底亚国王的公元前560年,终点则是雅典军攻陷波斯军在欧洲的桥头堡塞斯托斯的公元前479年。在这八十年的框架内,为了囊括埃及一万多年的历史、阐述以希腊人的知识所能知道的世间万象,希罗多德实际上采取了非常单纯的方法。若能注意到他的这一构思,便会发现《历史》是非常明了易懂的。

这一构思便是以波斯帝国四代帝王的继起为主轴,按照年代顺序进行记述,当以扩张主义作为国是的波斯与某一国家进行接触时,便记述该国家的历史和风俗。开创阿契美尼德王朝的居鲁士,在出征途中发狂死去的刚比西斯,打倒篡夺者登上帝位的大流士,以及堪称《历史》主人公的薛西斯——《历史》的各卷是如何记述这四位人物的事迹的呢?请见下方略表。

(一)居鲁士的治世(公元前559—前530年)

居鲁士出生逸话　第一卷·95-113　附美地亚史(公元前700—前550年)

脱离美地亚独立　第一卷·123-129

征服吕底亚　第一卷·6-94　附吕底亚史·克洛伊索斯的故事

征服小亚细亚　第一卷·141-176

征服巴比伦　第一卷·177-200　附巴比伦略志

远征玛撒该塔伊、败死　第一卷·201-216

（二）刚比西斯的治世（公元前530—前522年）

远征埃及　第二卷·1、第三卷·1-16

埃及志　第二卷·2-98　国土·尼罗河·风俗·宗教·动物

埃及史　第二卷·99-182　从第一位国王米恩至莫伊利斯共330任王（跨度11000年以上）

　　　　　　　　　从塞索斯特里斯、培罗斯、普洛铁乌斯至阿玛西斯（公元前14世纪—前526年）

埃西欧匹亚、阿蒙远征失败　第三卷·17-30　附埃西欧匹亚·长寿族志

玛哥斯僧兄弟的谋反　第三卷·61-79

（三）大流士的治世（公元前521—前486年）

萨摩司岛攻略　第三卷·139-149

巴比伦的叛乱、镇压　第三卷·150-160

斯奇提亚远征失败　第四卷·1-144　附斯奇提古史（公元前1500年—　　）

斯奇提亚以北的诸民族、斯奇提亚志、世界的形状　第四卷·16-82

太守阿律安戴司进攻利比亚　第四卷·145-205　附利比亚志

将军美伽巴佐斯进攻色雷斯、马其顿　第五卷·1-22　附色雷斯志

伊奥尼亚的叛乱　第五卷·23- 第六卷·42（公元前499—前494年）

马拉松战役　第六卷·103-131（公元前490年）

（四）薛西斯的治世（公元前485—前464年，书中记述止于公元前479年）

镇压埃及叛乱　第七卷·7（公元前485年）

铁尔摩披莱(温泉关)战役　第七卷·201-239（公元前480年夏）

阿尔铁米西昂海战　第八卷·1-22（公元前480年夏）

普拉塔伊阿之战　第九卷·19-98（公元前479年秋）

米卡列之战　第九卷·99-106（普拉塔伊阿之战同日下午）

雅典军占领塞斯托斯　第九卷·114-121（公元前479年秋）

四位帝王所占的篇幅越来越长，且时间的流逝与各卷的进展是互相对应的。但其中有一处出现了破绽，在叙述居鲁士前半生的部分。像世界各地的建国传说中常见的那样，居鲁士尚在襁褓中时被遗弃，由一对卑贱的养牛夫妻抚养长大后，打倒了常年支配波斯、相当于自己本家的美地亚（参看第60页）。他成为统治者后，波斯国力渐长，国势渐强，并与西方富有强大的吕底亚对决，将吕底亚灭国后俘虏了克洛伊索斯。

按照居鲁士出生后自然的时间发展来说，如此叙述才是正常的，但在《历史》中却先写到了吕底亚与波斯的战争，并且不是从波斯的角度，而是从吕底亚的角度来叙述的。在此，希罗多德不惜打破简明扼要的构思和叙述的顺序，肯定是有特殊的意图。

克洛伊索斯的故事

克洛伊索斯（公元前560年前后—前546年前后在位）从继位到与梭伦有关幸福的讨论，再到败于居鲁士的这一部分被称为"克洛伊索斯的故事"（第一卷·26-92），在《历史》当中地位特殊。希罗多德把该部分置于卷头的理由之一，应该如同他自己所说的那样，是因为克洛伊索斯是"最初开始向希腊人闹事的那个人"。克洛伊索斯之前的阿尔杜斯、萨杜阿铁斯、阿律阿铁斯虽然均进攻过与本国邻近的希腊人的城邦，但第一个征服希腊城邦并强迫他们朝贡的却是克洛伊索斯。若将《历史》看作描绘希腊人与异族人（barbaros[1]）之间的战争史，那么克洛伊索斯确实值得放在最开始来叙述。

第二个理由在于，克洛伊索斯是早于希罗多德所处时代三个世代即近一百年前的人物，希腊人能够从他们的祖父母一代的回忆中听到这个名字。三个世代一百年是传闻体验的极限，可以说是当下与过去的门槛。克洛伊索斯向特洛伊的阿波罗神殿供奉了世界第一豪华的宝物不仅广为人知，而且希罗多德时代的人还能亲眼看到那些宝物，所以甚至可以感到克洛伊索斯仿佛存在于当下。

---

[1] 也译为蛮族，古希腊人对其他民族的蔑称，英语中表示野蛮人的barbarian一词的语源。

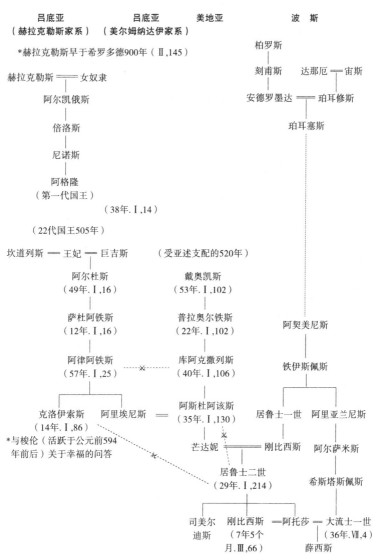

* 阿律阿铁斯与库阿克撒列斯之战时发生日食（公元前 585 年）。
* 马拉松战役（公元前 490 年）之后的 3 年间准备远征。第 4 年埃及叛乱，大流士去世（公元前 486 年，Ⅶ,4）。翌年，薛西斯平定埃及，用 4 年时间准备远征，第 5 年开始向希腊进军（公元前 480 年，Ⅶ,20）。

图1　诸王室的谱系

但"克洛伊索斯的故事"被置于卷首的最大理由应该是,这段描写了克洛伊索斯从繁盛走向没落的故事,正是之后波斯帝国的荣枯盛衰之范式(paradigm)。

继承王位后,克洛伊索斯逐个征服小亚细亚沿岸的希腊人城邦,使他们服从自己后,意图征服各小岛。但他在听取普里耶涅的比亚斯(或米提列奈的披塔柯斯,均为希腊七贤之一)的讽谏后,打消了征服的念头,转而与各小岛结成友好同盟。这样一来,克洛伊索斯支配了哈律司河(现土耳其的克泽尔河)以西的亚细亚西半边,可谓风光无限。这时,雅典的立法家梭伦造访克洛伊索斯。克洛伊索斯得意地把自己的宝物库给他看过之后,询问他是否遇到过这世上最幸福的人。梭伦举了两个例子,首先是泰勒斯(生于繁荣的国家,有众多出色的子孙,最后为了保卫祖国光荣战死),其次是克列欧毕斯和比顿兄弟(体力出众的孝子,神赐予他们对人类来说最好的东西——死亡),最后他表示不看到结尾是无法判断一个人是否幸福的,之后便离开了。而神罚降临到了自认为是世界上最幸福的人的克洛伊索斯身上。他梦见自己的儿子阿杜斯被铁制锐器(投枪)刺死,为了避免这件事的发生,他采取了各种方法,但最后梦境还是变成了现实。在克洛伊索斯服丧的两年时间里,占据哈律司河东岸的波斯在居鲁士的统治下日渐强大,眼见即将发生交战。克洛伊索斯进行远征的准备时,智者桑达尼斯劝他不要出兵,因为波斯粗衣粗食很是贫穷,即使赢了波斯也没有任何好处,而一旦失败则会损失富有的国家。但克洛伊索斯未听取他的规劝。他还请到了戴尔波伊的阿波罗神殿的神托——"如果克洛伊索斯进攻波斯人,他就可以灭掉一个大帝国"——最终跨过了哈律司河这条不该逾越的界线,却不曾想神托中的大帝国是指自己的国家。

这次交战未能决出胜负,克洛伊索斯便撤回到撒尔迪斯并解散了军队[1]。谁料到居鲁士发起反攻,在包围了撒尔迪斯十四天后将其攻陷。居鲁士将俘获的克洛伊索斯与吕底亚的十四名孩童一起放在巨大的柴堆上,欲将他烧死。这时克洛伊索斯想起梭伦所说的"人在活着的时候是无法判断是否幸福的",不由得三次叫出了梭伦的名字。虽然此时柴火已经烧旺了,但克洛伊索斯向阿波罗求救,忽然天降暴雨浇灭了柴火。得以存活的克洛伊索斯之后便成了居鲁士和其子刚比西斯的建言者。

顺带一提,在巴库利德斯[2]的《祝胜歌》第三段所描绘的版本当中,败北的克洛伊索斯与妻子和女儿们自发登上柴火堆企图自杀,但宙斯召来黑云浇灭柴火,阿波罗将他和妻女送到许珀耳玻瑞亚(极北人)之国,让他们今后生活在那里。这个胜利颂歌是为了称赞在公元前468年的奥林匹亚竞技会的战车竞赛中获胜的锡拉库萨[3]僭主喜厄隆一世而创作的。由于喜厄隆一世也向戴尔波伊的神殿供奉了数量庞大的宝物,所以诗中也吟咏了作为供奉大量宝物先例的克洛伊索斯的命运。巴库利德斯为了祝福喜厄隆一世的来世,不得不修改作为先例的克洛伊索斯的命运,将其设置为生活在阿波罗所喜爱的理想的他界(极北人的国度)。本书插页的陶壶上的绘画,就是戴着王冠、泰然自若地命令从者点

---

[1] 他解散的是不属于他本族的雇佣兵。
[2] 公元前520年前后—前450年,古希腊九大抒情诗人之一。古希腊盛行体育竞技,诗人会为竞技胜利撰写颂歌。
[3] 西西里岛的城邦。

火的克洛伊索斯,因此可以考虑这幅画是以巴库利德斯描绘的版本为原型的作品。

需要注意的是,克洛伊索斯的故事应该不是史实。首先,梭伦与克洛伊索斯会见的设定就不太可能。梭伦依照雅典市民的请求制定法律,并要求雅典市民承诺十年内都不许改变法律后,就开始周游各国,这一般被认为发生在公元前594年前后。而克洛伊索斯在位是从公元前560年开始的十四个年头,此时梭伦应该年事颇高了。其次,在撒尔迪斯被攻陷后,克洛伊索斯去向不明。根据巴库利德斯所说,他住到了极北人的国度,那么按离开了现世来理解才比较妥当。但希罗多德却没有这么处理,而是如同梭伦向克洛伊索斯建言一般,让克洛伊索斯作为居鲁士的建言者存活了下来,以此来帮助读者理解之后描绘的居鲁士这一人物。希罗多德的这番用意在于,比起历史事实,更加注重揭示历史的含义。

《历史》的关键概念

关于希罗多德是如何以克洛伊索斯的故事作为范式来叙述波斯帝王们的荣枯盛衰的,将会在第三章具体分析。在阅读《历史》时,克洛伊索斯的故事还预告了几个关键的概念。它借梭伦之口体现,并且在书中不断重复出现,因此特意将其单独论述。

"克洛伊索斯啊,你所问的是关于人间的事情的一个问题,

可是我却知道神是非常嫉妒的,并且是很喜欢干扰人间的事情的。"(第一卷·32)

"诚然,很少有人能够兼备所有这些优点,正仿佛没有一个国家能在自己的国内充分取得它所需要的一切东西,而是每个国家都有某种东西,却又缺少另一种东西;拥有最多的东西的国家也就是最好的国家了。"(第一卷·32)

接下来再从全书当中截取一些表现希罗多德根本思想的章句。其中有叙述部分的,但更多的是希罗多德借登场人物之口来表述的。

"先前强大的城邦,现在它们有许多都已变得默默无闻了;而在我的时代雄强的城邦,在往昔却又是弱小的。这二者我所以都要加以论述,是因为我相信,人间的幸福是绝不会长久停留在一个地方的。"(第一卷·5)这是被称为《历史》第二序文的一部分,明快地阐述了希罗多德的意图。

"我自己身受的非常痛苦(páthēma)的灾祸已经使我得到了很大的教训(máthēma)……如果你觉得你自己是一个凡人,而你所统治的也还是凡人的时候,那么首先便要记住,人间的万事万物都是在车轮上面的,车轮的转动是决不容许一个人永远幸福的。"(第一卷·207)这是克洛伊索斯成为居鲁士的建言者时所说之言。

"看来正是由于上天的智慧才有这样合理的安排,使一切那些怯弱无力和适于吞食的生物都是多产的,这样它们才不致由于被吞食而从地面上减少。但那些残酷的和有害的生物则生产的幼

子很少。"(第三卷·108)

"你已经看到,神怎样用雷霆打击那些比一般动物要高大的动物,也不许它们作威作福,可是那些小东西却不会使他发怒。而且你还会看到,他的雷箭怎样总是投掷到最高的建筑物和树木上去;因为不容许过分高大的东西存在,这乃是上天的意旨。因此,一支人数众多的大军却会毁在一支人数较少的军队的手里,因为神由于嫉妒心而在他们中间散布恐慌情绪或是把雷霆打下来。结果,他们就毫不值得地毁掉了。原来神除了他自己之外,是不容许任何人妄自尊大的。"(第七卷·10)这是波斯王薛西斯在重臣会议上表明远征希腊的意图后,在赞成意见和阿谀奉承之中,唯有其叔父阿尔塔巴诺斯提出了劝说。需要注意的是,若将松平译本当中"神总是不容许过分出头的东西存在"中的"不容许过分出头的东西存在"直译即是"削平出头者","神总是厌恶大军的威势"的原文是嫉妒(phthonos)的动词形式。

"生存变成了这样一种可悲的事物,而死亡竟成了一个人逃避生存的一个求之不得的避难所。神不过只是让我们尝到生存的一点点的甜味,不过就是在这一点上,神实在是坏心眼的。"(第七卷·46)这也是阿尔塔巴诺斯对薛西斯所说的话。波斯军队到达阿比多斯,在即将横渡隔断亚细亚与欧洲的海列斯彭特海峡前,薛西斯举行阅兵。他眺望着覆盖海面的舰队和挤满平原的士兵,不禁感叹自身的幸福,随后落泪了。阿尔塔巴诺斯见此惊讶了一番,与他谈及人之生命的话题。松平译本的"神实在是坏心眼的"中的"坏心眼"若直译则是"嫉妒心重"。

"温和的土地产生温和的人物;极其优良的作物和勇武的战士不是从同一块土地上产生出来的。"(第九卷·122)这是创立波斯帝国阿契美尼德王朝的居鲁士的遗训。

有关主题的诸论点

希罗多德正是怀着上述这般关键概念来环顾世界、考察历史的,在阅读时只需略有意识便能注意到这点。但若要说该书的主题到底是什么,各家的见解则很难达到一致。例如,波伦茨[1](M. Pohlenz, 1872—1962)主张其中心主题是描述希腊人与波斯人的对立与抗争,这个见解可以说是从序文出发的直接明了的看法,倒也不能算错,但如此一来笔者就想进一步提出问题——希罗多德记述希腊波斯战争的意图是什么呢?另一方面,笔者也不太赞成20世纪初叶的学者试图从书中读出露骨的政治主张的态度。例如迈耶(E. Meyer)认为,伯罗奔尼撒战争爆发后,出现了之前的波斯战争中雅典的功绩被贬低甚至被否定的情况,这促使希罗多德写下了《历史》,因此该书是高度的政治斗争的产物。确实,在该书当中有如下这段内容,容易招致"偏向雅典"的批判。

在这里,我不得不发表自己的一个见解,虽然大多数的人是不会喜欢这个见解的……如果雅典人因逼临到头上的危险而惊惶

---

[1] 德国的古典学者。

万状，从而离弃他们自己的国家，或者他们虽不离开，却留在那里向薛西斯投降的话，那么就没有任何人想在海上和波斯（国王）对抗了。因此，如果没有人在海上和他对抗的话，我以为在陆上就要发生这样的事情……如果说雅典人乃是希腊的救主的话，这便是十分中肯的说法了……雅典人既然认为希腊应当继续保有它的自由，他们便激励剩下的没有向波斯人屈服的那一部分希腊人，而且正是他们这些人，继诸神之后（遵照诸神的意旨）击退了国王。

——第七卷·139

但希罗多德也讽刺了雅典人受到米利都独裁者阿里司塔哥拉斯蒙骗而参与伊奥尼亚的叛乱一事，也明言"派遣二十艘船的援军，无论对希腊而言还是对波斯而言都是不幸的开端"[1]（第五卷·97），还批判性地描写了雅典海军指挥官铁米司托克列斯等。可见希罗多德绝不是向雅典一边倒的。

再例如，雅各比认为，该书始于对希腊民族的现在和未来的政治性的关心，并主张与超级大国波斯相邻的希腊为了延续下去只能以雅典作为宗主团结起来。由于19世纪的史书都具有强烈的政治性，迈耶和雅各比都认为希罗多德的《历史》也必须是政治性的。而笔者认为这种观点将该书看低了。比起他们的观点，笔者认为弗纳拉（Ch. W. Fornara）的见解更加接近真相。弗纳拉认为，由于该书的记述有确切的模式，可见希罗多德通过自身体验掌握了历史性必然的思想，并不是将其作为过去的说明，而是

---

[1] 中文译文为"派出去的这些船只就成了后来希腊人和异邦人的纠纷的开始"。

作为当下时代的紧急情况来阐述，可见他的意图在于传递战争的不可避免性这一悲观认识。有关笔者的见解将放在第三章中，在探讨希罗多德是如何描述波斯帝王们的荣枯盛衰后，再以克洛伊索斯的故事作为范式，结合关键概念进行阐述。

下面笔者将列举四个论点，它们虽然称不上是该书整体的主题，但与关键概念一样频繁出现，且表现出希罗多德的思想。

自由与奴役

波斯战争常被认为是民主政治对抗君主专制、自由对抗奴役的战争，但仅仅如此吗？确实，书中强调了有关希腊方面，特别是雅典与斯巴达的自由。雅典在远古的王政时期，内部的海岸党（富裕商人）与平原党（贵族）和由佩西司特拉托斯领导的山外党（农牧民）之间经常发生纷争，而且时不时招致外国势力介入，但从独裁者的统治中解放之后，雅典变得强大起来。"雅典的实力就这样地强大起来了。权力的平等，不是在一个例子，而是在许多例子上证明本身是一件绝好的事情。因为当雅典人是在僭主的统治下的时候，雅典人在战争中并不比他们的任何邻人高明，可是一旦他们摆脱了僭主的桎梏，他们就远远地超越了他们的邻人。"（第五卷·78）希罗多德认为原因在于，人处于独裁者的压迫下会故意做出卑怯的举止，而获得自由后则会燃起为了自身采取行动的意欲。这与希波克拉底在《论风、水和地方》第16节中的观察有相似之处。

有关斯巴达方面,希罗多德在书中设置了斯巴达人与波斯人就该问题进行对话的场面。斯巴达国王戴玛拉托斯因为政治纷争被夺去王位,逃亡至敌国波斯并受到大流士国王的庇护,之后作为大流士之子薛西斯国王的谋士跟随波斯军队远征希腊。薛西斯问他,每个人都是自由之身的斯巴达人会在不被强制的情况下与数百万人的波斯大军战斗吗?戴玛拉托斯是如此回答的:"他们虽然是自由的,但是他们并不是在任何事情上都自由的。他们受着法律的统治,他们对法律的畏惧甚于你的臣民对你的畏惧。我可以拿出证据来证明他们的确是这样:凡是法律命令他们做的,他们就做,而法律的命令却永远是一样的,那就是,不管当前有多么多敌人,他们都绝对不能逃跑,而是要留在自己的队伍里,战胜或是战死。"(第七卷·104)还有例子是关于斯巴达人佩尔提亚斯与布里斯的。二人明知会被杀死但仍为了祖国出使波斯宫廷。一位统帅很赞赏二人的勇气,劝说他们为波斯国王办事、支配希腊。但二人回答道:"叙达尔涅斯,你对我们的劝告是欠公平的,因为你的劝告在一方面来说虽然说明你是有经验的,可是在另一方面,却又说明你是没有经验的。对于作一名奴隶,那你是知道得十分清楚的,但是你却从来没有体验过自由,不知道它的味道是不是好的。"(第七卷·135)

希罗多德通过这样的例子来对比希腊的自由与东方的奴役,有些话语还表现出只有希腊人懂得自由的意思,但并非全都如此。"亚述人把上亚细亚统治了五百二十年之后,他们的臣民才开始起来反抗他们,在这中间首先就是美地亚人。他们为了争取自由而拿起武器来对亚述人进行战争,他们的英勇战斗使他们挣脱了奴役的枷锁并变成了自由的人民。"(第一卷·95)而受到美地亚支配的波斯在居鲁士的带领下,为了追求自由而奋起反抗。(第一卷·126)正如一位贵族向居鲁士说的那样,"是你使被人奴役的波斯人变成了自由的人,是你使臣服于别人的波斯人变成了统治一切人的人"(第一卷·210)。

在希罗多德的笔下,波斯人也热切渴望着自由。但这个自由是从他国支配下解放的独立与自由,并不是波斯国王允许国民的自由。这在之前举例的政体讨论(参照第43页)时大流士的发言中展露无遗。大流士主张,独裁者居鲁士将波斯人从美地亚那儿解放了,因此今后波斯也应该推行独裁政治。

富有与贫困

传说中,佛律癸亚国王弥达斯从山中精灵西勒诺斯那儿得到了将手触碰到的所有东西变成黄金的能力,但连食物都会被变成金子,无法饮食,这样下去就会饿死。他只好向酒神狄俄尼索斯祈求收回点金术,并按照狄俄尼索斯的吩咐到帕克托罗斯河(赫穆斯河的支流)里洗澡,终于如愿以偿。从此以后,帕克托罗斯河就盛产沙金,并流经吕底亚的首都撒尔迪斯,使得吕底亚变得富有。吕底亚最后一任国王克洛伊索斯与其高祖父巨吉斯都以向戴尔波伊的阿波罗神殿供奉了大量的金银财宝而闻名。抒情诗人阿尔基罗库斯（公元前 7 世纪中叶）曾如此吟咏过他们的富有——

> 我不在意巨吉斯那满地黄金的富有
> 我也从未心生嫉妒
> 我既不羡慕神明的赐予
> 也不想将王权握在手中
> 对我而言均是过眼云烟

——残篇 19 West

虽然希腊的贫困和朴素经常被拿来与东方的富有和奢侈进行对比，但希罗多德更胜一筹，以独特的方法呈现这个论点。这种方法就是：他明确地描述了一种模式，即富有者攻击贫瘠者反而自取灭亡。在《历史》开篇不久，智者桑达尼斯便向克洛伊索斯建言，说进攻连无花果和葡萄酒都不知为何物的粗衣粗食的波斯，即使赢了也得不到什么，若是输了反而会失去吕底亚的富有（第一卷·71），但克洛伊索斯并未听取他的建言，而是与波斯开战，最终失败，国家被毁灭。时光变迁，当波斯开始享受起奢侈的生活时，却进攻了贫穷的玛撒该塔伊而战败（第一卷·207）。而希腊波斯战争正是从各地搜刮了财富的波斯（第三卷·90 以下）进攻贫困度日的希腊（第七卷·102）的战争。经过普拉塔伊阿之战击退波斯军之后，斯巴达将军帕乌撒尼亚斯命令厨师做出波斯风味的食物和斯巴达人的日常食物，并召集指挥官们说道:"希腊人啊,我把你们召集到这里来,为的是想要你们看一看美地亚人的领袖的愚蠢;一个每天吃着你们看到的这样的饭食的人,却跑到我们这里来想夺取我们这样可怜的饭食。"(第九卷·82)

对异文化的理解

希腊语中的 barbaros 原本是指说着像是鸟语般无法理解的语言的异国之人,但当希腊人在对波斯的战争中获胜,他们对东方大帝国的恐怖感变为优越感后,这个词变为专指波斯人,之后甚至指占领雅典的卫城后火烧神殿的波斯人,即野蛮人。雅典为了做好应对波斯再度来犯的准备,成立了提洛同盟(公元前478/前477年);为了将征用同盟基金正当化,必定大力宣扬波斯人就是野蛮人的观念。而在这等希腊特色的"中华思想"[1]不断膨胀的背景下,希罗多德看待异邦人的眼光却非常公正。虽然普鲁塔克在随笔《论希罗多德之阴险》当中批判希罗多德过于偏袒异邦人(pyrobarbaros),但或许对希罗多德而言,旅行的覆盖范围越广,所见所闻越多,他对民族文化固有特性的尊敬就越强烈。最能体现这一点的就是著名的有关大流士提问的趣闻。

一天,大流士召来其治下的希腊人,问要给多少钱他们才会愿意吃自己父亲的尸体。希腊人回答说,无论给多少钱他们都不会做那样的事。接着大流士又叫来有吃双亲尸肉之习惯的印度卡

---

[1] 此为产生于近代日本思想界和史学界的一个专有名词,该词语描述的思想大意为汉民族自古以来以自己的国土作为天下的中心,以自国为傲,炫耀自国和文化,并轻视周边其他文化较落后的民族,也被称为"华夷思想"。

拉提亚人，问要给他们多少钱他们才愿意将父亲火葬，而这些族人立马高声抗议，让他不要说出这么可怕的话（第三卷·38）。对此，希罗多德附言表示，"这些想法是这样地根深蒂固，因此我以为，品达罗司的诗句说得很对，'习惯（nomos）乃是万物的主宰'"，并且认为愚弄埃及人的宗教与神像的刚比西斯肯定是精神错乱了。

希罗多德安排大流士进行送葬仪礼的比较是有意图的。让住在波斯帝国西边的希腊人与住在东端的印度的一个部族在世界的中心相会，展示世界的两端的习俗有多么不同——希罗多德是想通过这种设定来展示习俗的多样性。他介绍了各个民族有关结婚及送葬的诸多罕见习俗，虽然也表示惊讶，但从未进行批评或嘲笑。"如果向所有的人们建议选择一切风俗中在他们看来是最好的，那么在经过检查之后，他们一定会把自己的风俗习惯放在第一位。每个民族都深信，他们自己的习俗比其他民族的习俗要好得多。"（第三卷·38）

战争与和平

《历史》中虽然充满了异民族之间、希腊人之间、希腊人与异民族之间的纷乱与战争，但希罗多德不仅将这些战争作为帝国和城邦之间的问题来叙述，而且还不忘描绘战争期间发生的个人的悲剧。

若在战场上独自一人存活下来会如何呢？在此列举四个例子。第一个例子是，当斯巴达与阿尔哥斯争夺杜列亚时（公元前6世纪中叶），双方各派出三百名战士以求分出胜负。等到了停战的日落时，阿尔哥斯方面有两人存活，认为他们赢了便回去了。而斯巴达方面独自一人存活下来的欧特律阿戴斯则掠夺了敌人的甲胄武器回去了。翌日两军在战场上都主张各自赢了，互不相让，而后发展成激战，双方死伤众多，最终斯巴达人获胜了。之后，阿尔哥斯人剃光头发誓，不夺回杜列亚永不蓄发。而欧特律阿戴斯则觉得作为唯一的存活者回到斯巴达是莫大的耻辱，在战场上自杀了（第一卷·82）。第二个例子是，雅典的船队进攻埃吉纳岛时，同为多利亚[1]系的阿尔哥斯人赶去支援，击溃了雅典军。唯一幸存并回到雅典的男人却被丧夫的女人们团团围住。她们一边用衣服上的别针刺他一边质问自己的丈夫在哪儿，最终这个男人被刺死。据说从那之后，雅典女人们的服装改为了不使用别针的伊奥尼亚式服饰（第五卷·87）。第三个例子是，在铁尔摩披莱之战中迎击数百万波斯军队的三百名斯巴达士兵中，埃乌律托司和阿里司托戴莫斯因患有严重的眼疾，得到列欧尼达司将军的允许在远离阵地的地方休息。当战争激烈展开时，埃乌律托司由从者牵着回到战场，最终战死。另一方面，阿里司托戴莫斯回国后，没有一个人愿意借给他火、与他说话，让他感到十分耻辱。好在他于之后的普拉塔伊之战中得以雪耻污名（第七卷·229、231）。还有一个例子，一个男人作为使者被派了出去，回到斯巴达后受尽了耻辱的对待，最终选择了缢死（第七卷·232）。

---

[1] 古希腊的四个主要部族之一，属印欧族的一支。

如果有人希望能免除自己或子女的兵役又会如何呢？当大流士发动希腊远征时，一位名为欧约巴佐斯的波斯人请求道，他的三个儿子都会出征，希望允许他一个人留下。大流士则回答说，我让你们全都留下吧，结果把他们全都杀了（第四卷·84）。当薛西斯的远征军正要通过吕底亚时，大富豪披提欧斯用丰盛的食物招待他们，并将自己的全部财产作为军费捐赠给他们。薛西斯十分欣喜，回报给披提欧斯更多的财产。但当满心欢喜的披提欧斯提出希望能免除他五个儿子中长子的军事义务后，薛西斯顿时暴怒，将他的长子砍成两段放在道路两旁，并让军队从中间通过（第七卷·39）。

公元前5世纪可谓战争不断的一百年。以这种时代为写作对象的希罗多德不得不描绘战争，而且也知晓这样一个道理——战争一旦爆发，个人就会被无法抗拒的力量卷入其中。亡国之王克洛伊索斯的下面这番话，或许能体现描绘战争时的希罗多德的内心吧。

没有一个人愚蠢到爱好战争甚于和平，而在战争中，不是像平时那样儿子埋葬父亲，而是父亲埋葬儿子。

——第一卷·87

希罗多德在别处也曾表示，"内争之不如团结一致对外作战，正如战争之不如和平"（第八卷·3）。在和平时期才能培育子孙，才会有使下一代繁荣的想法，在"培养年轻人的和平"（赫西俄德《工作与时日》228）和"培育年轻人的神、授予富有的和平"（欧里庇得斯《酒神的伴侣》419-420）等地方也可见。

《历史》是未完之作一说

《历史》当中也附带着提到了波斯战争之后的事情（第八卷·3、第九卷·4、第七卷·106及151、第六卷·98等），以及伯罗奔尼撒战争爆发（公元前431年）以后的一些事件。比如，"这个人（列昂提亚戴斯）的儿子埃乌律玛科斯后来曾率领四百名底比斯人占取了普拉塔伊阿人的市邑，却给普拉塔伊阿人杀死了"（第七卷·233），这段所说是发生在公元前431年春的事件，在修昔底德的《历史》当中（二·2以下）也有详述。"在这件事发生之后许多年，雅典人和伯罗奔尼撒人之间有了战事的时候，斯巴达军虽然蹂躏了阿提卡的其他地方，对戴凯列阿却一动也没有动"（第九卷·73），这段也无须过多说明。《历史》第七卷·137中记录了最新的、发生于公元前430年夏末的事件，这也是与修昔底德的《历史》相对应的，可参见本书第15—16页内容。

希罗多德虽然十多次言及了波斯战争之后的事件，但还是将公元前478年秋天雅典军占领塞斯托斯看作希腊波斯战争的结束，并不想继续记述那之后的历史，这一点是显而易见的。

他在记述普拉塔伊阿之战（第九卷·19-98）之后，《历史》很快就到了尾声。普拉塔伊阿之战同日下午，米卡列（小亚细亚西岸）之战中波斯军败走（99-106）。薛西斯经过撒尔迪斯回到王都苏撒，爱上了弟弟玛西司铁斯的妻子和女儿，招致王妃阿美司妥利斯的凶狠报复，继而讨伐玛西司铁斯（108-113）。雅典军占领塞斯托斯，捕捉太守阿尔塔乌克铁斯并处以磔刑（114-120）。然后希罗多德写下了这一段——

> 他们（雅典军）把这一切事做完之后，便乘船回希腊去了，他们带着桥梁的索具以及其他物品，预备献给他们的神殿。在那一年里，就再没有发生别的事情。
>
> ——第九卷·121

薛西斯在准备远征希腊时，在海列斯彭特海峡建造了一座桥。该海峡是连接亚细亚的阿比多斯与欧洲的塞斯托斯的最短距离，即7斯塔迪昂（约1240米）。1810年5月，拜伦[1]从塞斯托斯出发，花费70分钟游过了该海峡。薛西斯令约七百艘船排成两列，用白麻绳和纸草绳连起两岸，铺上木材和土，建造起了可供人与马通过的道路（第七卷·36）。可以说，薛西斯将大自然隔断的亚细亚和欧罗巴人为地连接了起来。如此一来，这座船桥被破坏就意味着自然秩序的恢复，而雅典军将绳索供奉到神殿正是象征着希腊波斯战争的终结。而随后的"在那一年里，就再没有发生别的事情"一句则像是全书的结尾——正如修昔底德在《历史》中以固定句式"修昔底德所记载这次战争的第几年就这样结

---

[1] 第六代拜伦男爵（1788—1824），又称"拜伦勋爵"。出生于英格兰伦敦，逝世于希腊，英国诗人、浪漫主义文学家，著作有《唐璜》及《恰尔德·哈罗尔德游记》等。他于1809年6月至1811年7月出国游玩，去了西班牙、葡萄牙、希腊、土耳其等地。

束了"表示一年的结尾。

但是,希罗多德在此之后又加上了一些叙述。时光倒转七十年,回到居鲁士打倒阿司杜阿该斯、从美地亚独立之时的事情。被雅典军处以磔刑的阿尔塔乌克铁斯的先祖阿尔铁姆巴列司认为,已经成为亚细亚霸者的波斯不应该住在如此狭小的荒地上,而应该有支配者的样子,移居到更好的土地去。波斯人将他的想法告诉居鲁士后,居鲁士则答道,若是那样的话波斯人就无法成为支配者而沦为受他人支配,温和的土地产生温和的人物,极其优良的作物和勇武的战士不是从同一块土地上产生出来的。"波斯人看到居鲁士的见识比他们的见识高,于是承认自己看法的错误而离开了;他们宁可住在崎瘠的山区作统治者,而不愿住在平坦的耕地上作奴隶。"(第九卷·122)

这是希罗多德在《历史》中所记述的最后一件事,也是最后一段文字。前述中笔者曾提及,"在那一年里,就再没有发生别的事情"这句话看上去像是全书的总结结尾,但其实有关这一点还可以做出完全相反的解释。即,这是"这一年的事情就是这些,而翌年发生了……"的前半段,后半段并未写出来,所以《历史》一书是未完之作。在最终章里突然写到七十年前的居鲁士的趣闻,在不清楚与前文有何关联的情况下叙述戛然而止,也是催生这一观点的原因。

但笔者认为,居鲁士的这则趣闻是作为第二序文的变奏,在希罗多德的深思熟虑下刻意放在最终章的,因此《历史》在此完结。第二序文中希罗多德叙述道,"先前强大的城邦,现在它们有许多都已变得默默无闻了；而在我的时代雄强的城邦，在往昔却又是弱小的"（第一卷·5）。笔者认为这句话表现了希罗多德的这样一种思想，即得益于睿智的神之意志，这个世界实现了完美的均衡。也就是说，人们的幸运也好，国家的繁荣也罢，都绝不会一成不变，随着变迁与改变，平衡的世界得以存续，换言之，这是一种认为随着时间的变迁会实现世界的均衡的思想。除此之外，最终章里"极其优良的作物和勇武的战士不是从同一块土地上产生出来的"这句话，也正是在说明从共时性的角度可见的世界的均衡。笔者认为，希罗多德将"历时性和共时性看到的世界均衡"作为《历史》的关键概念，通过第二序文和最终章来提示这一概念，以此完成了《历史》的环形结构（ring composition）。

从共时性出发所见的世界均衡在《历史》中随处可见。笔者将历时性地看待世界均衡这一点命名为"车轮观"，将会在第三章详细论述。

第二章 | 口头传承的收集与《历史》的主题

希罗多德周游各地,从诸多的情报提供者处了解到不少轶闻,并记录在《历史》之中。而书中的很多事情——用如今的用语来说——应当看作民间故事和传说一类。探讨民间故事与传说的定义恐怕会很复杂,而笔者在此只需要做比喻上的区别即可。格林的说明是,"民间故事(märchen)比传说(sage)更加自由,不受固定场所的束缚。而场所虽然会限制传说,但也因此使得传说更具有可信度。民间故事能够飞行,而传说则是步行"(《德国神话学》)。而柳田国男的解说则显得较为敷衍:"民间故事[1]如同动物,传说如同植物。民间故事四处飞行,无论走到哪儿都能看到相同的外表。但传说在一块土地上生根发芽,不断成长。虽然麻雀与三道眉[2]都长着同样的脸,但梅树与椿树却每一根树枝都不尽相同,所以会给人留下印象。民间故事如同可爱的小鸟,多会在传说的森林或草丛中筑巢,同时说不定也会将芳香的各种传说的种子与花粉传播到远方。"(《日本的传说》)不仅是传说与民间故事,神话也与之颇为接近。希罗多德就如同在传说、民间故事、神话都浑然一体且生机勃勃的世界中旅行。在本章当中,

---

[1] 日语中为"昔话"。
[2] 三道眉草鹀。

笔者将列举一些希罗多德作为历史来叙述，但实际应当看作神话/传说/民间故事的例子，并论证在这些叙述当中也蕴藏着《历史》的主题。

神话性主题

斯巴达采取的是双王制，王源自可追溯到赫拉克勒斯的两个王室。希罗多德记载了有关其中一位国王的趣闻。阿里司通（公元前6世纪末）有两位妻子，但膝下无子，便横刀夺爱抢了好友的妻子作为自己的第三位妻子，而她不到十个月就生下了戴玛拉托斯。多年后，戴玛拉托斯遭到弹劾，说他不是国王的亲生子，被剥夺王位，他便要求母亲告诉他真相。他母亲说，在她来到阿里司通家的第三天夜晚，有一个与夫君一模一样的人与她共枕后留下花冠离去，但离去不久夫君又回来了，后来发现那个花冠曾放于英雄阿司特罗巴科斯的神殿里。那么戴玛拉托斯的父亲不是英雄阿司特罗巴科斯就是阿里司通（第六卷·69）。

这与其先祖英雄赫拉克勒斯的诞生神话一模一样。宙斯化作安菲特律翁[1]的模样与其妻阿尔克墨涅私通，不久之后安菲特律翁本人远征归来。之后阿尔克墨涅生下了赫拉克勒斯与伊菲克勒斯两个儿子，但只有赫拉克勒斯被认为是宙斯之子。

---
[1] 希腊神话中的底比斯将军。

传说性主题

在有关吕底亚史的记述中有如下一段逸事。克洛伊索斯之父阿律阿铁斯攻打米利都已有数年，但由于发生了不得不一时中止的事态，便改为派遣和平交涉的使者。米利都的僭主特拉叙布洛斯提前掌握了这份情报，便想好了应对策略。他命令市民将所有食物都聚集在广场，在使者面前举行盛宴大吃大喝。使者回国后报告了这个情况。原本以为米利都在多年的包围与攻击下粮食已经极度缺乏的阿律阿铁斯十分意外，感到继续战争无益，转为与米利都缔结友好同盟（第一卷·22）。

与此相似的故事也发生在距离米利都不远的普里埃耶。阿律阿铁斯围攻普里埃耶时，希腊七贤之一的比亚斯将两匹骡马喂肥，送到了对方的阵营中。阿律阿铁斯震惊于被包围一方的丰富存粮，便派遣使者意图和谈。比亚斯则将沙子堆成小山，在上面撒上稻谷。目睹该景象的使者回去后报告给阿律阿铁斯，最终阿律阿铁斯与普里埃耶达成了和平条约（第欧根尼·拉尔修《名哲言行录》一·83）。

相同的计略不胜枚举。罗马的卡比托利欧被高卢人围攻、陷入饥饿状态时（公元前390年），朱庇特出现在将军们的梦中，告诉他们"将你们最不想拱手让人的资产从城寨顶上扔到敌人当中去"。于是他们将谷物女神刻瑞斯赐予的麦子扔了下去，麦子重重地砸在敌人的头盔和盾牌上。如此一来，敌人便放弃了耗尽他们粮食的战术而撤退了（奥维修斯《岁时记》六·349-394）。

法兰克王国的国王查理曼(768—814年在位)花费数年也未能攻下法国南部卡尔卡松的城塞。而被他们认为是大军的守卫队其实只有一位名为卡尔卡的撒拉森女性。她利用了对方企图耗尽己方兵粮的战术,将用玉米喂肥的猪扔到护城河里。若不是城墙的地下坑道被烧塌,她的计谋定会奏效(梅里美《法国南部纪行笔记》)。查理曼之孙洛泰尔一世的王妃阿德尔海德在南意大利的城市坎努西姆(Canusium,又作卡流苏门)的城中时,遭到贝伦伽国王的包围攻击(9世纪中叶),王妃便用仅剩的麦子给猪喂食后将猪赶出城外。敌军捕获这头猪并刨开它的腹部,发现猪吃得很饱,于是解除了对该城的包围[1](格林《德国传说集》466 "王妃阿德尔海德")。《德国传说集》中还有476 "埃伯尔施泰因伯爵三兄弟"和510 "Maultasch 的填土"。壬辰卫国战争[2](文禄之役,1592年)时,布阵于水原华山(朝鲜地名)山城的权栗[3]将军被加藤清正[4]包围,苦恼于缺乏食物与水,便想出一计。他命人将白马牵至山顶,并用白米给马洗澡。清正军从远处

[1] 此处存有疑点。查理曼之孙确实为洛泰尔一世,但他的王后是图尔的埃芒加德,她于851年去世。虽在世时间与下述的9世纪中叶相符,但名字不符。阿尔德海德的德语写作 Adelheid,与奥托一世(东法兰克国王,神圣罗马帝国皇帝)的第二任王妃姓名相符,但这位阿尔德海德在世时间为931—999年。故事中提到的贝伦伽的拼写应为 Berengar。另外出典的格林《德国传说集》是日译版本的命名,出典的德文为 Deutsche Sagen,意为日耳曼传说(其中的 Book II, S.147, 460)。考虑到格林兄弟的作品是民间传说和民间故事,并不具备作为历史考据的准确性,因此该出典中的人物名称与史实不符也可以理解。
[2] 1592—1598年间在大明、朝鲜国与日本国丰臣政权之间爆发的两次战争,明方称之为万历朝鲜战争,朝鲜方称为壬辰倭乱,日本则史称文禄之役和庆长之役。
[3] 权栗(1537—1599),字彦慎,号晚翠堂,是朝鲜王朝时期的将军,在万历朝鲜战争中担任了朝鲜军队的都元帅。
[4] 加藤清正(1562—1611),日本安土桃山时代、江户时代武将、大名,初代熊本藩藩主。

眺望到这个景象，判断攻陷山城无望，便撤军离去（崔仁鹤《朝鲜传说集》96"洗马台"）。除此之外，中国和日本也有不少类似的例子。如南方熊楠的《白米城之话》（1916年），《十二支考》中的《有关马的民俗与传说》（1918年），柳田国男的《白米城的传说》（1929年）、《白米城传说分布表》（1942年），等等。

希罗多德虽然在书中记录说，他是从米利都人那儿听到有关阿律阿铁斯与米利都讲和的故事的，但很难相信这是米利都人的策略，故而当希罗多德听到该故事时，该故事已经成了当地的传说吧。

可看作民间故事的叙述

阿尔克马埃翁家族是雅典首屈一指的名门，曾经出过确立部族制度和民主政治的克里斯提尼（公元前6世纪末）以及雅典黄金时代的指导者伯里克利。希罗多德记载了该家族闻名全希腊的过程。

希巨昂的独裁者克莱司铁涅斯（公元前600年前后—前570年，希巨昂的僭主）实力雄厚，闻名希腊。他在赢得奥林匹亚竞技会的四马战车比赛时曾宣布，想成为自己女儿阿伽莉司铁丈夫的人可以自告奋勇前来接受挑选。他用一年时间招待从希腊各地来到希巨昂的十三位求婚者，通过在体育场和宴会上的表现考验他们的能力、性向、教养、举止等各方面，其中他最中意的是来自雅典的希波克里代斯,其次是来自阿尔克马埃翁家族的美伽克列斯。到了公布女婿人选的当天,克莱司铁涅斯杀了一百头牛,招待求婚者和希巨昂的所有市民。当吃完食物转为酒宴时,一直遥遥领先于所有对手的希波克里代斯叫来人吹笛,自己跳起舞来,还跳到餐桌上跳起了拉科尼亚式的舞蹈,然后还表演了阿提卡式的舞蹈。克莱司铁涅斯见后原本抑制着怒气,但看到希波克里代斯在桌子上倒立挥舞双脚后便说:"希波克里代斯啊,你自己把这桩婚事跳砸了。"而希波克里代斯却立马回答道:"希波克里代斯根本不在乎。"最终,克莱司铁涅斯的女儿与阿尔克美昂之子美伽克列斯结婚,阿尔克马埃翁家族也因此名声大振。(第六卷·126-130)

正如希罗多德所记述的,"希波克里代斯根本不在乎"从此成了谚语,古希腊喜剧作家赫尔米普斯(公元前5世纪末)加以使用,甚至被载入了后代的谚语集中。而且从当时的政治方面考虑,希巨昂的克莱司铁涅斯确实会希望与强有力的希腊城邦联姻,所以他进行选婿可以认为是史实。只不过,希波克里代斯倒立跳舞的这一部分很可能是民间故事的变形。作为原型的民间故事就是《本生经》第32《跳舞本生》。

在世界伊始之时,走兽皆以狮子为王,鱼类皆以名为阿难陀(欢喜之意)的鱼为王,鸟类皆以金之天鹅为王。天鹅之女想选夫婿,于是所有的鸟类都聚集到雪山(喜马拉雅山)任由其挑选,最后女儿选中了美丽的孔雀。孔雀欣喜万分,忘记了羞耻心,也忘记了畏怯之心,在众鸟之间展翅舞蹈,边跳边褪去衣物。金之天鹅表示不能让女儿嫁给这种不知耻不知罪的家伙,最后让女儿与自己的侄子结了婚。

当希腊与印度出现类似的民间故事时,时常就哪一方才是起源地争执,但首先需要考虑的是能否将这两个故事版本视为同源。笔者比较赞成的见解是:这两个故事版本为同源,且比起认为是历史事件转化为动物寓言,不如考虑为将动物寓言牵强附会到历史人物身上比较自然。在印度,孔雀跳舞时露出屁股被认为是不知耻的典型且生发出一句谚语,这个寓言当中没有丝毫不自然之处。但反观希罗多德的叙述,十三位求婚者的名单被认为有可能是参考"海伦的求婚者的故事"后杜撰的。

与《历史》之主题的呼应

按照现今的想法,希罗多德之所以会采录非史实的故事,不仅是基于"把我所听到的一切记录下来"(参照第58页)的基本方针,也是基于他喜欢故事的个性。更有一些故事是希罗多德非常积极地记录下来的,原因在于他认为这些故事体现了自己的历史思想。又或者可以这么考虑,有些故事在其他作家的作品或其他国家的民间故事里都有出现,唯独希罗多德是在其中加入、糅合了《历史》的主题基础上进行叙述的。接下来介绍三个这样的故事。

巨吉斯的故事（第一卷·8-13）

巨吉斯（公元前716—前678年在位）杀死吕底亚的赫拉克勒斯王朝最后的国王坎道列斯，夺取了王位，得到了王妃。由于戴尔波伊的神托，其即位得到了承认，但他同时被告知他的第五代后裔必会遭到报复。他的第五代后裔就是克洛伊索斯。

坎道列斯十分溺爱王妃，认为王妃是世界第一美女，经常向宠臣巨吉斯炫耀王妃的美貌。终于有一天，他对巨吉斯说："巨吉斯，我看我单是向你说我的妻子美丽，那你是不会相信的，就像人们总不会像相信眼睛那样地相信耳朵。不如让你看看王妃的裸体吧。"巨吉斯坚决拒绝，表示"女人在脱掉衣服时，也一并连羞耻之心给脱掉了""古人教诲我们每个人都只应当看他自己的东西"，但最终还是抗拒不过，按照国王的指示躲在寝殿的门后目睹王妃一件件褪去衣物。但当他从门后逃走时被王妃发现了。王妃顿悟这是丈夫的所作所为，但忍辱不动声色，心中暗暗发誓要向丈夫报仇。第二天，王妃叫来巨吉斯，逼迫他在杀死坎道列斯和自杀之间做选择，并命令他躲在偷看的地方伺机杀死她的丈夫。巨吉斯按照王妃的指示，最终得到了王妃与整个王国。

古代的作家很喜欢这个故事，并传承了很多版本，下面主要介绍其中的三个版本。

坎道列斯之妃——虽然希罗多德未记载其名——名为纽西雅。据传，她的双眼是千里眼，持有蛇纹石，因此才看穿了巨吉斯从门后逃走。另有传她的名字为托朵、克琉提亚、哈布洛等。但希罗多德之所以未记载她的名字,是因为他年少的儿子普勒西罗欧斯喜欢上了哈利卡尔那索斯出身的妓女纽西雅,并因恋情未果而上吊自杀了,所以希罗多德厌恶纽西雅这个名字。

——佛提乌《群书摘要》190·150B 中有关托勒密·肯诺斯（Ptolemaios Chennos）《新历史》的梗概中所记载

吕底亚人巨吉斯之先祖（与巨吉斯同名）是国王的牧羊人。一天,他走下了大雨和地震之后出现在地面的裂缝,在下面发现了一尊空心的青铜马。里面有一具巨大的尸体,尸体的手指上有一枚金戒指。他摘下金戒指戴在自己手上,后来发现将戒指有宝石的那一面转向手心时,别人便无法看见他,而再把戒指转回外侧时,别人又能看见他了。发现戒指魔力的巨吉斯后来当上了国王的使者,与王妃合谋杀死了国王,霸占了王权。

——柏拉图《理想国》359D-360B 的概要

这是柏拉图为了说明一个道理而列举的寓言。这个道理即是实施正义的人只不过是无法行不正义之事,当人一旦有能力,定会去做不正义之事来满足自己的欲望。另外,柏拉图在文中所写的"巨吉斯之先祖"应该认作是"巨吉斯"。

巨吉斯从父亲的逃亡地返回撒尔迪斯,他的美貌与擅长百般武艺的传闻传到国王萨杜阿铁斯那儿,使他得以成为国王的侍从。虽然他曾被国王怀疑其忠心,也被政敌的谗言所扰,但后来得到了国王深厚的信任,被任命为前去迎接即将成为王妃的缪西亚的公主托朵的使者。由于这时在寝宫的屋檐下有两只大鹫停留,占卜师便认为新娘将会在初夜成为两位国王的妻子。巨吉斯在护送新娘的途中疯狂地迷恋上新娘并展开追求,却遭到了狠狠的拒绝。国王从托朵处听说此事之后表示明天就要杀死巨吉斯,却被一直暗恋巨吉斯的婢女得知并偷偷告诉了巨吉斯。巨吉斯认为,与其自己被杀不如杀死国王,便趁夜说服同伴,让婢女打开窗户,杀死了睡眠中的国王。而后,巨吉斯召集吕底亚人举行会议,让人向戴尔波伊请求神托,询问自己是否应该继承王位。神托中表示,在他的第五代子孙时,赫拉克勒斯家(被杀死的国王的家系)会向美尔姆纳达伊家(巨吉斯的家系)报仇。如此,巨吉斯成了吕底亚国王,并原谅了萨杜阿铁斯之妃、缪西亚之女托朵,娶她成为自己的妻子。

——可追溯到吕底亚人克桑托斯(公元前5世纪)的大马士革的尼古拉乌斯(公元前1世纪)残篇46和47的概要

在这个版本中,巨吉斯成为迎接王妃之使者的这一部分,与《特里斯坦[1]与伊索德物语》中的一段惊人相似。即特里斯坦受马克国王之托前去迎接金发的伊索德,而在归途的船上犯下过错。

有很多研究都在尝试解读希罗多德的悲剧故事风格版本、柏拉图的民间魔法故事风格版本、尼古拉乌斯的浪漫风格版本以及

---

[1] 亚瑟王传说中的圆桌骑士团的成员之一,国王马克是他的叔父。

其他各种版本以推测原型,笔者比较赞成的见解是——这是吕底亚·赫梯[1]的古层神话的故事化。即近东的母权制社会当中,战争与丰收的女神伙同新王杀死原来的王——这不仅从神话来说是原初性的故事,同时也是在国王更替换代时反复发生的历史性事实,因此逐渐演变成有关被杀死的王、王妃、新王的故事。

而这个故事被置于《历史》开头的理由可考虑如下几个方面。其一,巨吉斯犯下的弑君之罪必定会由第五代的克洛伊索斯来偿还,由此来提出罪之遗传的思想。由于斯巴达人将波斯来的使者投入井中杀死,所以当塔尔图比欧斯[2]的诅咒降临到斯巴达之时,司佩尔提亚斯与布里斯为了以死偿罪而赶赴波斯。虽然他们二人得以长寿善终,但他们的孩子却死于非命(第七卷·137)。普利克索斯之子库提索洛斯的子孙因为先祖所犯之罪而每代都承受神的怒火(第七卷·197)。从此类事例可看出,希腊精神史上自古以来就有关于罪之遗传的思想。

其二,有一种解释认为,希罗多德是将巨吉斯作为希腊悲剧的主人公来描写的。因为他两次被迫进行毫无道理可言的选择——是否看不该看的东西,是杀死国王还是自己丧命——明明是无罪之人,却成了罪人。其三,有学者认为,在《历史》开头出现的"巨吉斯的故事"和在卷尾出现的薛西斯的不正当的恋情的故事(第九卷·108以下)都是东洋宫廷的桃色丑闻,这两个故事构成了《历史》的环形结构。

但笔者认为,更为重要的是,希罗多德借巨吉斯之口说出的"每个人都只应当看他自己的东西"这句话,正是对之后出现的

---

[1] 位于安纳托利亚的亚洲古国。
[2] 守护传令之人的英雄灵魂。

富饶者进攻贫穷的国度反而失败的模式所提出的警告。

不仅如此,巨吉斯的故事不仅受到古代人的喜爱,也很能刺激近现代作家的创作欲,其中有一些翻案之作,如戈蒂埃[1](1811—1872)的《坎道列斯国王》(1844年)、弗里德里希·黑贝尔[2](1813—1863)的《巨吉斯与他的戒指》(1854年)、安德烈·纪德[3](1869—1951)的《国王坎道列斯》(1901年)。

波律克拉铁斯的戒指(第三卷·39-43)

萨摩司岛的僭主波律克拉铁斯(殁于公元前522年)被认为是历史时代首个意图成为海上霸主的希腊人——神话时代的克里特[4]之王米诺斯另当别论。希罗多德在萨摩司岛度过了他的逃亡时期,目睹了打穿山脉的水路隧道和世界最大的赫拉神殿,在惊叹不已的同时,貌似也对在六七十年前将萨摩司带向繁华盛世的波律克拉铁斯有着特别的感怀。他叙述波律克拉铁斯之死的部分让人不禁联想到悼词。"波律克拉铁斯刚刚到玛格涅希亚就被惨杀了,这一死是与他本人以及他高远的怀抱不相称的。因为除去西拉库塞的僭主以外,希腊人的僭主当中没有一个其伟大是可以和波律克拉铁斯相比的。欧洛伊铁司〔波斯人、撒尔迪斯总督〕惨杀波律克拉铁斯的详情我不忍在这里讲了,他杀了波律克拉铁斯之后,便把他钉到一个十字架上"。(第三卷·125)

---

[1] 法国诗人、小说家、戏剧家。
[2] 德国剧作家、诗人。
[3] 法国作家,1947年诺贝尔文学奖得主。
[4] 希腊所属的地中海岛屿,位于希腊的南端。

波律克拉铁斯最初与他的两位兄弟平分萨摩司岛的支配权，而后他杀死一人并流放一人，成为萨摩司的独裁者。他与埃及国王阿玛西斯结成友好关系，并开始掠夺邻近诸国，将诸多岛屿甚至大陆上的一些城邦都纳入麾下。但是阿玛西斯注意到波律克拉铁斯的巨大的成功，便给他写了一封信。

阿玛西斯致书波律克拉铁斯告他下面的话。我很高兴地知道自己的朋友和盟友的兴盛。但是我并不为你的这些太大的好运感到高兴；因为我知道诸神是多么嫉妒的，而且我多少总希望我自己和我的朋友既有成功的事情，又有失意的事情，我宁愿意有一个成败盛衰相交错的生涯，而不愿有一个万事一帆风顺的生涯。根据我的全部见闻来看，我知道没有一个万事一帆风顺的人，他的结尾不是很悲惨，而且是弄得一败涂地的……

然后阿玛西斯提出忠告，为了中止"一帆风顺"，想好有什么东西丢掉时会最痛心，将这个东西扔掉。波律克拉铁斯听从忠告，挑选出一枚嵌着绿宝石的黄金印章戒指，乘船来到海上，在众人环视之下扔入海中。然而五天后，这枚戒指从一位渔夫献上的鱼腹中被发现。阿玛西斯从信中得知此事，认为波律克拉铁斯的幸运势不可当，连扔掉的东西都会被找到，想必他无法善终，便解除了与萨摩司的友好关系。

蒙田[1]（1533—1592）在《随笔集》中（第二卷第12章）曾嘲笑波律克拉铁斯的愚蠢，因为他为了打断连续的幸运而将贵重的宝石扔入海中，以为这样就算付出了转变命运的代价。作为一个杀死兄弟夺取权力的人物，这种行为确实显得滑稽。况且，按照希罗多德的叙述，是阿玛西斯忌讳波律克拉铁斯持续不断的幸运而解除友好关系，但事实正好相反。从波律克拉铁斯曾提出要支援刚比西斯的埃及远征军的记述（第三卷·44）来推测，应当是波律克拉铁斯舍弃了阿玛西斯，站在波斯一方。

由此可以发现，这个故事作为历史记录来看是很不自然的，而这是因为在故事当中混入了民间故事/传说的主题。"鱼儿带来曾经失去的戒指"在乌瑟[2]（Hans-Jörg Uther）的《世界民间传说的类型》[3]（*The Types of International Folktales*）中被记载为"波律克拉铁斯的戒指"，包含类似故事的书籍（主题索引）在世界范围内查找出了43本，可推测类似的故事至少有数百篇。为了与希罗多德的版本进行比较，在此介绍三篇利用此主题的文学作品。

首先介绍哈特曼[4]（Hartmann von Aue，约1160—约1210）的《格里高利乌斯》[5]（*Gregorius*，12世纪末）。双胞胎兄妹之间产下一子，这个孩子在海上漂流时被一渔夫捡到，并被起名为格里高利乌斯。他在僧院学习，在与同学之间的纠纷当中得知自己是被父母舍弃的孩子，便出走并努力成为骑士。他救下了一名受

[1] 法国在北方文艺复兴时期的著名哲学家。
[2] 1944年出生，德国文学学者、民俗学家。
[3] 2016年由加藤耕义翻译的日文版在日本出版。
[4] 中世德国诗人。
[5] 德语意为被选中之人。1929年获得诺贝尔文学奖的德国作家托马斯·曼于1951年发表的小说《被挑选者》据就是以这部作品为原典。

求婚者困扰的寡妇城主并与她结婚,而后发现她是自己的母亲,便再度出走。在旅途中,他在一块冒出海面的岩石上给自己扣上足枷,并把钥匙扔入大海,从此进行赎罪。十七年后,有两位高僧从罗马来到这里,想迎接格里高利乌斯成为教皇,从鱼腹中发现了足枷的钥匙。于是他即位成为德高望重的教皇。而听到这个消息的当年的寡妇为了坦白罪恶祈求神的祈祷前往罗马,最终母子俩再度相会。

然后介绍格里美豪森[1](Hans Jakob Christoffel von Grimmelshausen,1621/1622—1676)的《痴儿西木传》[2]第六卷第 2—8 章(1669 年)的内容。再次成为隐士的辛普利西西姆斯做了一个梦。在梦中,侍奉地狱之王路西斐尔的恶魔浪费和恶魔吝啬在比赛如何毁灭英国贵族尤尔斯及其仆人阿瓦鲁斯。阿瓦鲁斯尽其所能从主人那儿夺取财物,而尤尔斯则不知节度地挥霍度日。一天,尤尔斯与伙伴们乘船游览泰晤士河时,他的叔父劝他要有所节制,谁知他脱下一枚戒指扔进河中并笑着回答:"叔父,就像那枚戒指永远不会再回到我手上一样,我的财产也不会有枯竭的那一天。"不久之后,他从父母那儿继承下来的商船不是遇难就是遭遇海盗,债权者纷纷上门催债时,厨师从鱼腹中发现了那枚戒指并展示给主人。

最后介绍路德维希·蒂克[3](Ludwig Tieck,1773—1853)的《美丽的玛格洛娜》第 16 章的内容(1797 年)。彼得给了玛格洛娜三枚戒指,但它们都被乌鸦叼走并被扔到了大海里。渔夫向玛

---

[1] 德国作家。
[2] 原题为 *Der abenteuerliche Simplicissimus*,意为冒险者辛普利西西姆斯,是在德国非常流行且有名的恶汉小说,传阅甚广。
[3] 德国诗人、编辑、作家和评论家。

格洛娜的伯爵父亲的厨房送去大鱼，从鱼腹中发现了这三枚戒指。见此，玛格洛娜的双亲才知晓神明并未舍弃他们的孩子，放下心来。

山狄夫[1]（P. Saintyves）收集了五十一个相似的故事，分析所有故事都具备神明裁判的原理，并进而将这类故事中戒指的作用分成了以下三类：（a）通奸之身的象征，（b）悔改的象征，（c）幸福的象征。在格里高利乌斯的故事当中，戒指（钥匙）的出现表明赎罪期限已过，所以属于（b）类。桑提布所收集的五十一个故事当中，有三十二个故事都属于（b）类。而《痴儿西木传》和《美丽的玛格洛娜》当中的插曲当归于（c）类，但戒指的出现一个意味着不幸，另一个则代表了幸福。

戒指的出现意味着不幸、以自己的意志扔掉戒指——从这两点而言，"波律克拉铁斯的戒指"与《痴儿西木传》的插曲类似，但希罗多德的版本当中却有其他任何类似故事都不具备的印记——希罗多德的版本当中蕴含了《历史》的关键概念。

阿玛西斯给波律克拉铁斯的信中涉及了两重要方面。其一，"神嫉妒并喜欢干扰人间之事"这句话正是在"克洛伊索斯的故事"当中梭伦阐述的宗教思想（参照第107—108页）。善妒的神不允许人类狂妄自大，太过显露的均"削平"之。因此，波律克拉铁斯必须通过扔掉宝物、放低自己以避开神的嫉妒。其二，"宁愿有一个成败盛衰相交错的生涯"这句话与被灭国后成为贤者的克洛伊索斯对居鲁士所说的"人间的万事万物都是在车轮上面的，车轮的转动是决不容许一个人永远幸福的"（参照第108页）相

---

[1] 法国的出版商和民俗学家诺瑞（Émile Nourry）的笔名。

对应。在《历史》的第二序文当中也表明了强大的国家与弱小的国家相互交替的道理。因此波律克拉铁斯希望通过扔掉宝物这一人为的不幸来使得下一波到来的不是灾难,而是可喜可贺之事。

有一事例可从反面体现这个逻辑。廉洁的罗马武将埃米利乌斯·保卢斯[1](公元前228年前后—前160年)认为马其顿远征过于顺利,在带着战利品和俘虏从海路回国的途中,担心神会因为这种好运而变心。但是在凯旋仪式举行的第五天前和第三天后,他没有送出去当养子而是留下作为后继人的两个儿子——一个十四岁,一个十二岁——相继死去。于是他便安心了,认为命运女神已经对罗马无害了。(普鲁塔克《比较列传》埃米利乌斯·保卢斯传36)

关于波律克拉铁斯丢弃戒指一事,有见解认为他是企图以假的祭品来欺瞒神,或试图以小的不幸来回避大的不幸,但笔者认为并非如此。波律克拉铁斯为了避免神的嫉妒和糊弄幸运与不幸轮番到来的顺序,明明已经舍弃了戒指,但戒指却又回来了。这应该是表示波律克拉铁斯遭到了神的拒绝。

佩利安多洛斯的变心(第五卷·92)

除了波律克拉铁斯之外,还有一位人物让希罗多德怀有同样的兴趣进行详细记述。那就是科林斯的僭主佩利安多洛斯(公元

---

[1] 此处为卢基乌斯·埃米利乌斯·保卢斯·马其顿尼库斯,罗马的将军与政治家,其父亲的名字也为埃米利乌斯·保卢斯。

前627年前后—前587年在位）。他虽是希腊七贤之一，但同时也作为残暴僭主的典型恶名远扬。据亚里士多德表示，很多维持僭主支配权力的僭术都是佩利安多洛斯发明的，如抹杀杰出之士、禁止集会、安置密探监视市民、挑拨市民之家争斗、课以赋役重税并不断争战以让市民操劳疲惫等（《政治学》1313a–b）。

在库普赛洛斯支配科林斯三十年后，子承父业的佩利安多洛斯当权之初较他父亲更显温和，但当他结交米利都的独裁者特拉叙布洛斯之后，变得越发残忍，其程度远胜于他父亲。有一次，佩利安多洛斯向特拉叙布洛斯派出使者，询问如何才能最平安无事地进行统治。特拉叙布洛斯带着使者来到郊外，并肩漫步于麦田间，看到明显长得很好的麦穗被削平而丢抛在一旁，这样作物当中长得最好的部分就全都被毁了。如此，特拉叙布洛斯没有说一句像样的忠告便送走了使者。使者返回后如实禀报佩利安多洛斯，佩利安多洛斯领会了其中含义，便逐一抹杀了城中的杰出人士。

亚里士多德也谈及此事，只是佩利安多洛斯与特拉叙布洛斯所起的作用对调了（《政治学》1284a、1311a）。可能是由于亚里士多德认为创立了众多独裁统治手段的佩利安多洛斯成为请教的一方不合情理，便将二人在这件事中的角色进行调换。在罗马历史当中也有相似之事。

据传为罗马最后一位国王的塔奎尼乌斯·苏培布斯（公元前534—前510年在位）在进攻加比时，判断难以攻陷便转而谋划计策。他三个儿子中最年少的塞斯图斯以无法忍受父亲的虐待为理由逃入加比，通过告知罗马的内情和教授战术获取了信任，乃至于被任命负责指挥军队。塞斯图斯派遣心腹向父亲询问之后该怎么做。苏培布斯带着那位儿子的部下来到庭院，一语不发地用手杖打落枝头绽放得尤为招展的罂粟花。塞斯图斯领悟到父亲的意思，便逐一杀死了城市中的有实力之人（李维《罗马史》一·53—54）。

这个故事十分有名，哈利卡尔那索斯的狄奥尼修斯（《罗马古代史》四·55·1—56·3）、老普林尼（《博物志》十九·169）、波利艾努斯（《战略》八·6）等都叙述过，只是奥维修斯（《岁时记》二·691—710）的版本当中不是罂粟花，而是百合花。但无论哪个版本，都表现出改写该故事时的漏洞与不当。第一，塞斯图斯声称受到父亲虐待逃入敌阵体现的是以苦肉计潜入敌军的战术，在历史上和传说中都频繁可见（希罗多德在第三卷·154中写到大流士进攻巴比伦时佐披洛司采取的就是这种战术）。而运用这种战术的结果，要么就是负责指挥军队的塞斯图斯在与罗马军决战时刻意战败，要么就是从内部打开城门。第二，塞斯图斯曾派部下向父亲询问下一步计策，但应该是在他进入敌阵前就与父亲商量好的，此处显得十分不自然。这应该是编写塔奎尼乌斯传说的作者为了使用"打落罂粟花"的主题才不得已造成的。

"打落罂粟花"的主题对塔奎尼乌斯传说或李维的史书而言没有特别的意义，但"削平麦穗"的主题却与希罗多德《历史》的主题深度相关。《历史》有这样的关键概念，即神不允许人类和动物自命不凡、雷霆只会击中最高的东西、神总是把过于显露的东西全部削平（参照第109页）。这与特拉叙布洛斯将拔尖的麦穗削平形成平行（parallel）关系。希罗多德通过使用同一个词语"削平"来表示僭主对人民的统治与神对世界的支配在微观层面上是相对应的。

然而，有关佩利安多洛斯变成暴君的原因，还有与希罗多德不同的版本。如公元前1世纪的诗人帕尔忒尼俄斯认为原因在于他母亲设下的不伦之恋。

科林斯的佩利安多洛斯在治世之初公正温良，之后却变成了残忍的僭主，其原因如下。当佩利安多洛斯尚年幼时，其母强烈地爱恋上了他，以拥抱来缓解自己的欲望。而随着时间累积，她的苦楚越发深沉，终于无法抑制住情感，向儿子提出了一个大胆的要求。她说，有一位美丽的妇人爱上了你，请不要对她的苦闷视而不见。
——帕尔忒尼俄斯《爱恋的苦楚》十七"佩利安多洛斯之母"

于是佩利安多洛斯同意可以在黑暗中与妇人见面，且不强迫她说话。他的母亲便得以与他多次幽会。而佩利安多洛斯也逐渐生出恋意，越来越想知道对方到底是什么样的人。于是他命令身边的侍从事先藏好台灯，当妇人如往常一般来到他身旁正要躺下时——

佩利安多洛斯跳起来点起灯，当发现妇人是自己的母亲后，竟想当场杀死她。虽然由于神明显灵使他住手，但那之后他的内心和思虑都开始发狂，越发残虐，剥夺了许多市民的生命。他的母亲也在哀叹自己的罪孽之后自杀了。

——帕尔忒尼俄斯《爱恋的苦楚》十七 "佩利安多洛斯之母"

根据第欧根尼·拉尔修（《名哲言行录》一·96）的版本，佩利安多洛斯的母亲名为克拉缇亚，佩利安多洛斯虽然也很享受与母亲私密的相恋，但当该事暴露之后，不堪承受曝光后的痛苦而使人格变得残酷。第欧根尼也述及了佩利安多洛斯的诡异之死。据说，佩利安多洛斯命令两个年轻人杀死他指定的时间与地点通过某个地方的人，而后又命令另外四个人杀死这两个人，再命令一大群人杀死这四个人。待他安排好之后，他就被最初安排的两人杀死了。

这两个故事应该都是希罗多德会喜欢的素材，但是《历史》中并没有涉及。是希罗多德的时代里这两个故事尚未被创作出来，还是希罗多德得知了却没有采用，我们就不得而知了。

第三章 | 从世界的均衡到车轮观

地理上的均衡

希罗多德之所以能够公平地记述希腊人与异民族之事,是因为他不将两者割裂,而是将其视为统一的整体。不仅如此,他还认为人类世界与生物世界都处在众神的管辖下,也是统一的整体。而他这种认知的根源在于他确信人类所居住的这个世界保持着一种均衡。

自荷马以来,古希腊人都认为大地是圆盘形的,俄刻阿诺斯环绕其四周。锻造之神赫菲斯托斯给阿基琉斯制作盾时,将五层金属板按照同心圆的形状叠起,在中央的最小的圆上刻了大地、大海与天空,在外面一层刻和平的城邦与战争的景象,在更外一层刻上耕作与收割的情景,在最外侧的圆上刻下放牧与舞蹈的场景,最后"他顺着精心制作的盾牌周沿,附上了伟大的奥克(俄刻)阿诺斯的巨大威力"(荷马《伊利亚特》18·607以下)。这正是古希腊人所想象的地球的模样。"大地不受任何事物的承载而浮在空中。它之所以能停留在空中,是因为它同样也和万物分隔着。大地的形状成正圆形，如同石制圆柱。"(《生涯与学说》11，内山胜利译本)——如此认知的阿那克西曼德被认为是第一个制作地图的人，但他制作的地图是什么样的却不得而知。几乎同一时期，在被认为是新巴比伦尼亚或波斯时代的产物的美索不达米亚泥版地图上，像是用圆规画出来的圆润流线环绕着大地，幼发拉底河将世界一分为二。从此可见的是从思辨角度描绘世界的倾向以及数学性的对称思想。

在地理学史书籍中时常会介绍到的海卡泰欧斯的地图被认为继承了阿那克西曼德，但希罗多德却对这种地图进行了批判。"在这之前有多少人画过全世界的地图，但没有一个人有任何理论的根据，这让我不禁觉得可笑。他们把世界画得像圆规那样圆，环绕着世界周围的是俄刻阿诺斯的水流，还将亚细亚和欧罗巴画成一样的大小。"(第四卷·36)

但希罗多德自己也未能摆脱对称思想的影响。他认为，将欧洲一分为二的伊斯特尔河(多瑙河、下多瑙河、多瑙河下游)与贯穿利比亚全境的尼罗河的源头都在西方的尽头，并且由于两条河的河口在同一经度上，所以两条河的长度是一样的(第二卷·33以下)。若以地中海作为东西的轴线将希罗多德想象的地图对折，伊斯特尔河应该与尼罗河重叠。并且，由于希罗多德怀疑有许珀耳玻瑞亚(住在北风[1]对岸的极北人)的存在，他所采取的论调是，若有许珀耳玻瑞亚的存在，则也应该有许珀耳诺提欧伊(住在南风[2]对岸的极南人)的存在(第四卷·36)。

从地理学的历史来看，这种对称观或许只是一种幼稚的思

---

[1] 希腊神话中的北风之神波雷阿斯。
[2] 希腊神话中的南风之神诺托斯。

辨，而希罗多德却更进一步地考虑到，图形上的对称世界在作为生活场所时也具备一种均衡性。正如"没有一个国家能在自己的国内充分取得它所需要的一切东西，而是每个国家都有某种东西，却又缺少另一种东西"（第一卷·32）这句话所体现的关键概念一般，希罗多德在世界各地都认可了当地的最大优势。如，他认为伊奥尼亚地区是世界上气候及风土最好的地方（第一卷·142），巴比伦尼亚和利比亚的奇努普司地区的谷物生产量为世界第一（第一卷·193、第四卷·198），普里吉亚人是世界上最古老的民族（第二卷·2），埃及人对神的敬畏最虔诚（第二卷·37），阿拉伯人最重信义（第三卷·8），埃西欧匹亚人比其他任何民族都要身材高大、容貌美丽且长寿（第三卷·20、114），印度人口最多（第三卷·94），尼罗河是资源最丰富的河流（第四卷·53），穴居的埃西欧匹亚人跑得最快（第四卷·183），利比亚人是世界第一健康的（第四卷·187），等等。

不仅如此，希罗多德认为这些"世界之最"并不是毫无规则地零散分布在世界上，而是有一种原理在起作用。他先阐述了"正如希腊的气候是世界上最温和宜人的一样，或许世界上最边远的地区也有得天独厚的地方"这样的普遍看法，而后记载了世界各地的丰饶，如东边的印度有很多大型动物与金矿，南边的阿拉伯有各种香料，西边的埃西欧匹亚具备了人体之美与长寿和金矿，欧洲的北边则富有金矿（第三卷·106—116）。虽然"有某种东西却缺乏另一种东西"，但自然界通过互补保持着平衡。

这种想法可以说与所谓的"中华思想"是完全相似的。希腊人坚信自己是世界上最优秀的民族，与他们邻近的次之，越是遥远的地方便越是低劣（第一卷·134）。即使是在约一百年后，当亚里士多德表示"居住在欧罗巴寒冷地带的各民族都精神充足，但在思想和技术方面则有欠缺，因此他们无法统治其他民族。亚细亚的各民族善于思考且技术精巧，但他们气概不足，故而经常受人支配。而在地理上处于两者之间的希腊民族既有充足的气概也善于思考，若能统一成一个国制，那么他们就具有统治其他所有民族的能力了"（《政治学》1327b）时，其中也悄然存在着希罗多德不知晓的"希腊特色中华思想"。

人类世界与生物世界的均衡

希罗多德认同在地理方面存在均衡，自然也认同在他最为关心的人类世界和生物世界当中也存在均衡。当波斯的大舰队逐步接近萨拉米斯海域时，国王薛西斯问各位将领是否应该展开海战。所有人都主张开战，唯独哈利卡尔那索斯的独裁者阿尔泰米西亚提出了反对意见。她认为，波斯已经在陆地上压制了敌人，只要进行海上封锁来削弱对方即可，与擅长海战的希腊海军开战是不利的，还表示"优秀的人常常有不好的部下，而不好的人常常有优秀的部下，这是世间常情"[1]（第八卷·68），也就是说大多数同伴都不能发挥多大作用。这与《历史》最终章里的关键概念——"温和的土地产生温和的人物；极其优良的作物和勇武的

---

[1] 原译文为"好人的奴隶常常是坏的，而坏人的奴隶又常常是好的"，根据日文译本有所调整。

战士不是从同一块土地上产生出来的"——是相通的，正是为了避免战争输赢一边倒，均衡性所发挥的作用。

希罗多德认为这种均衡并非全依赖于神的权衡，同时也应赞赏人们自身的努力。例如，在巴比伦人的习俗当中，希罗多德最为赞赏的、认为最聪明的习俗就是交易婚姻。据他记述，每个村子每年一次将适龄的女孩们集中到一起，然后男子们将她们围起来。最美丽的女孩首先站出来让他们竞价，被出价最高的男子买回家与其结婚。接着是条件第二好的女孩、第三好的女孩……按照顺序进行完后，再从最丑或身有残疾的女孩开始倒着进行拍卖，愿意收下最小额奁金的男人会接受她。丑姑娘的奁金是由美丽姑娘竞价而得的钱来偿付的（第一卷·196）。虽然无法从史料上确定巴比伦是否有过这样的习俗，但希罗多德还记载到埃涅托伊人（威尼斯地区）也有同样的习俗，亚里士多德也记载迦克墩（拜占庭对岸）的国制中有这种做法（《政治学》1266b）。

在观察动物世界的均衡时，希罗多德则摇身成为生态学者。他写道，被走兽、飞禽和人类等所有生物追赶的兔子最多产，能在怀孕时再度受孕，而最强大的狮子在分娩时连子宫也会排出体外，所以一生只能生产一头幼崽（第三卷·108）。古代人很清楚动物分多产与单产，据传提出原子论的德谟克利特（活跃于公元前420年前后）也有过如下想法——

德谟克利特曾表示，猪和狗都是多产的，主张其原因在于这类动物拥有多个子宫和容纳精子的地方。
——埃里亚努斯《论动物的特性》十二·16（中畑正志译本）

在动物当中,既有像猪、狗、兔那样多产的动物,也有像人与狮子这样非多产的,这是为何呢?或许是因为,多产的动物拥有足以满足需求的多个子宫及母体,精液分别进入不同子宫,而非多产的动物则完全相反。

——伪亚里士多德《问题集》892a(中畑正志译本)

哲学家德谟克利特在解释猪、狗等动物多产的原因时只提到子宫数量,而希罗多德在谈及兔子的重复受孕时思考道:"看来正是由于上天的智慧才有这样合理的安排,使一切那些怯弱无力和适于吞食的生物都是多产的,这样它们才不致由于被吞食而从地面上减少。但那些残酷的和有害的生物则生产的幼子很少。"(第三卷·108)在希罗多德看来,兔子多产的原因仅靠生理学和解剖学是无法解释完全的,这是由于神的智慧而实现的生物界的平衡。

时间流逝过程中实现的均衡

希罗多德在共时性地观察世界时,得到了地理上的、人类世界与生物界的均衡之观念。他更是在时间流逝与世事变化当中看到了平衡,并且通过全书进行解明。他在开头不久立马提出了"先前强大的城邦,现在它们有许多都已变得默默无闻了;而在我的时代雄强的城邦,在往昔却又是弱小的"(第一卷·5)这一关键概念,在稍作推进之后又借克洛伊索斯之口——"人间的万事万物都是在车轮上面的,车轮的转动是决不容许一个人永远幸福的"(第一卷·207)——提出了车轮(kuklos)的隐喻。车轮转动到顶端时便会往下转,以此来比喻人的命运起伏和国家的兴盛衰落。并且,由于车轮会不断走到不同的地方,因此也成为荣枯盛衰会在不同的地方反复上演的隐喻。无论是多么富强的大国,一旦过于强大就会招来神的嫉妒而走向衰败。如此一来,由强者与弱者所形成的世界平衡就在时间流逝的过程中得以实现。笔者借用希罗多德的用词,将他这种见解命名为"车轮观"。笔者认为,正是由于希罗多德发现了这种"车轮观",才使得他成为最初的历史学家。

车轮观的由来

那么,这个车轮观是如何形成的呢?罗米利(J. de Romilly)曾分析过古典时期的希腊作家们作品当中车轮一词的语义变迁及传播。根据她的见解,kuklos 的本意为车轮,后来衍生出天空、太阳、月亮等圆形的、旋转的事物之意,进一步被运用在时间领域当中,可表示年、月、日、四季轮回,以及与这些相对应产生的动植物的生命现象当中可见的节奏等。车轮一词的意义延伸很快、传播很广,被用作荣枯盛衰的隐喻也很合情合理。那么希罗多德是第一位这么使用这个词的人吗?是否有先例呢?

品达曾联想到命运（moira）无常而吟咏道："如此这般，掌控这一家族父辈代代之幸运的Moira，时而众神会赐予幸福，时而会摇身一变，带来苦难。"（《奥林匹亚祝胜歌集》二·35以下，内田次信译本）此处的"摇身一变"的原词palintrapelon是表示车轮反转之意，因此诺伍德（G. Norwood）认为这是"命运的车轮"这个隐喻在文学中的首次出现。而更加明确地使用了车轮一词（以trochos代替kuklos）的是索福克勒斯的残篇。"我的命运承载于永不停息的神之车轮上，不断旋转，不断变化。如同月的面貌，在漆黑的夜空，从未在两个夜晚展现同样的面貌。从漆黑不见的面貌逐渐变得美丽圆润，光辉至极后又再度走向欠缺，直至重归黑暗。"（残篇871 Radt）但是由于尚不知晓这一残篇归属于哪部作品，因此无法判断它与希罗多德的时间先后。

或许有诗人先于希罗多德用车轮比喻命运的起伏与幸福的变化，但笔者认为希罗多德产生"车轮观"是出于自然哲学家的思考。自然哲学的教说认为，相反的事物会互相交替，以此维持存在。过于强大的事物会被削平，因此达到与弱小事物之间的平衡，使世界得以存续——希罗多德的这种历史观与其有相通之处。

这种思想在哲学发展初期便有所体现。根据内山胜利的解说，"古希腊共通的设想认为，这个世界的内部有各种力量起着作用，这些力量之中又有几对力量形成了基本的相反关系。而阿那克西曼德是关注这种设想的第一人。他认为，这些力量相争规定了这个世界，并且保障了世界的存续。成对的相反之物，也会随着时间变化,其中的一方占据优势。而一方的这种优势正是使得另一方兴起、走向优势的契机。昼(明)与夜(暗)、夏(热·干)与冬(冷·湿)的定期交替正是最明显的事例"。不仅如此,赫拉克利特曾留下如下言论——

"火之转换。首先成为海洋,海洋的一半成为大地,另一半成为热气流(prēstér)"……海洋生成大地、天空以及两者之间所有的事物。而关于如何走向反向情况直至烧尽世界的大火(ekpyrosis),则有如下言论做出明确的解释:"大地溶解后成为海洋,而海洋的分量与变成大地之前的分量是同比率(logos)的。"

——残篇31(内山胜利译本)

有研究认为,这表现出赫拉克利特认为"世间万物不仅互相变化,而且事物正是由于不断地变化才得以存续。即是说,世界由于无止境的变化才能够安定"(《哲学的历史1》,收录于《最初的哲学家们》)。

在此想特别关注的是恩培多克勒的一个著名残篇。残篇中表现出来的思想是,生物及非生物均是由火、土、空气、水这四种元素按照不同的比例混合而成的,而"爱"与"纷争"则引发混合和分离。

……于是这些(四元素)永远交替　永无终止

时而　由于"爱"的力量　万物结合统一

时而"纷争"的憎恨之力　使得万物分离

如此这般　众多事物合而为一是惯例

反之　也会由一分离出众多事物

这样　万物均在生成当中　并不会永生

只要万物永恒交替不息

它们就会形成圆环（周期）一直存在

——残篇十七·6-13（藤泽令夫、内山胜利译本）

当"一"分裂为"多"时，"一"会消失，而"多"合而为"一"时，"多"会消失。一与多的交替状态会永远持续。比如说，每时每刻都有细胞死亡，但总是有新的细胞生成取代死亡的细胞，以此生命得以持续。笔者之所以怀疑这个残篇与希罗多德的车轮观的关系，是因为两人存在相遇的可能性。公元前444/前443年，雅典召集全希腊的势力在南意大利建立了殖民地图里伊，据传希罗多德曾去过该地（参照第15页）。而出生于西西里岛阿格拉伽斯（现意大利西西里的阿格里真托省）的恩培多克勒据说也在图里伊建成不久时去过当地（第欧根尼·拉尔修《名哲言行录》八·52）。若所传为实，那么分别来自东西方的两个巨大知性体在图里伊邂逅，互相交换所思所想及所探究之事，是极有可能性的。

为了说明恩培多克勒的思想与希罗多德的车轮观的关联性，下面这两个后世的言论可供参考。

若那些事物在生成时没有如同圆一般形成来来回回的循环，而只是从直线的一端单方面地走向另一端却不折返，那么你看吧，到时候所有的事物都成了同一种形态同一种状态，最终不会有生成和变化了。

——柏拉图《斐多》72b

正如天空与星辰的运行中仿佛存在圆环一般，会死亡的存在，其生产与死亡也是圆环状的，它们不断重复生成与消灭，正如同人世间的事情形成环状一般。

——伪亚里士多德《问题集》916a

事物既无法不断生成，也不会持续消灭。正是由于圆环形的，即转换方向回到起点的这种办法，生成与消灭进行交替，交替的持续重复使得事物的持续性存在成为可能。正如希罗多德所思考的那般，人的幸福过于强大便会入侵别的国家以至打破世界平衡，超过人的界线便会招致神的怒火。这时神就会削平这个人，使他的车轮向下转，这样世界的平衡就保持了下来。

神的嫉妒

或许会有读者感到奇怪，削平过于强大的事物和超过人类界线的人的并不是神的正义或者惩罚，而是神的嫉妒（phthonos）。

这点其实作为《历史》的关键概念有明确的提示。"神是非常嫉妒的，并且是很喜欢干扰人间的事情的"（第一卷·32）、"神嫉妒大军的威势而使他们心中生出恐怖情绪"、"神总是会削平过分高大的东西"、"神除了他自己之外，是不容许任何人妄自尊大的"（第七卷·10）。

在希腊文学中有一个共通的意象，即针对人类的hubris（傲慢、自大），神会降下nemesis（愤怒、惩罚）。而神的nemesis在希罗多德的记述中只出现了一次，即认为自己是世界上最幸福之人的克洛伊索斯受到了"神的惩罚"（第一卷·34）。取而代之使用嫉妒这个意象正是希罗多德与阿里斯托芬和品达共有的特色。阿里斯托芬的悲剧《波斯的人们》是从越境攻打希腊的波斯人身上看到傲慢这一立场进行创作的。在这部作品中，自大地认为自己连神都可以支配的薛西斯"未曾注意到希腊男人们的计策和众神的嫉妒"（361），采取了错误的作战策略，导致萨拉米斯海战失败。《阿伽门农》当中也有类似的表述，如"不被嫉妒的幸福"（471）、即使万分欣喜也要祈祷"不会受到神的嫉妒"（904），以及害怕"众神的嫉妒的目光"（947）等。品达的"愿众神的嫉妒不会造成干扰"（《伊斯特米亚[1]祝胜歌集》七·39）与希罗多德的"神是非常嫉妒的，并且是很喜欢干扰人间的事情的"在用词上都十分对应。

phthonos原意为"过大、过甚之事物"，之后意思缩小为"因对方拥有过多美好事物而感到的羡慕"。希腊人的嫉妒自古被传唱是"邻居对邻居吝啬……木工嫉妒木工、煅烧师嫉妒煅烧师、

---

[1] 伊斯特米亚竞技会又称科林斯地峡竞技会，是古希腊四大竞技会之一，因在科林斯地峡举办而得名。

歌手嫉妒歌手、乞丐嫉妒乞丐"(赫西俄德《工作与时日》23-26),柏拉图也对此进行了引用并追加评论道,"越是相似的人之间越会抱有嫉妒心、仇视心和敌意,越是不相似的人之间越容易结下友爱之情"(《吕西斯篇》215D),将嫉妒与近亲憎恶结合在一起。在《历史》中也有类似的表述,如"所有的希腊人都……嫉妒别人的成功并憎恨比自己强大的力量"(第七卷·236),"如果一个市民走旺运的话,另一个市民就会嫉妒他并且用沉默来表示他的敌意"(第七卷·237),等等。

人类的嫉妒一般都是朝向比自己更加好的、强的、幸福的人,那么不死的神为何要嫉妒脆弱的人类呢?希罗多德似乎在神与僭主、独裁者之间做了类比,答案或许藏在这种想法当中。波斯的贵族们曾就应该选取哪种政体——民主政体、寡头政体、独裁政体——进行了讨论(参照第42页以下)。主张采用民主政体的欧塔涅斯说:"把这种权力给世界上最优秀的人,他也会脱离他的正常心情。他具有的特权产生了骄傲,而人们的嫉妒心又是一件很自然的事情。这双重的原因便是在他身上产生一切恶事的根源……本来一个具有独裁权力的君主,既然可以随心所欲地得到一切东西,那他应当是不会嫉妒任何人的了;但是在他和国人打交道时,情况却恰恰相反。他嫉妒他的臣民中最有道德的人们,希望他们快死,却欢迎那些最下贱卑劣的人们,并且比任何人都更愿意听信谗言。"(第三卷·80)如此看来,独裁者与神是非常相似的。

有很多学者认为,神的嫉妒是在人类世界盘旋的嫉妒在神之世界的投射。德兹（E. R. Dodds）认为，神的嫉妒之所以成为希罗多德《历史》全篇的基调、之所以是如此重要的观念，是基于古风时期[1]的希腊社会状况。希腊人在公元前7世纪经历了经济危机，接着在前6世纪经历了政治抗争，使他们越发认识到自己的生存是非常不安定的，这加强了他们对于有魔力般性质的存在的依赖，且越是痛感这片大地上不存在正义，便越是会夸张天上世界的正义。在这种时代背景中，自古以来便存在的"神的嫉妒"这种观念就得以凸显。

吹起神风的战争

有不少评论认为希罗多德对战争的记述欠缺准确性，或是认为希罗多德不懂战术。会造成这种批判的原因可能在于书中有不少战争的描述，最终将决定胜败的因素归于天佑而非兵力与战术。这是自然，因为希罗多德是按照"神嫉妒大军的威势而使他们心中生出恐怖情绪"这一关键概念来记述战斗的。

大流士国王的女婿玛尔多纽斯被任命指挥陆海大军进攻希腊（公元前492年），舰队准备返航阿托斯半岛时突遇猛烈的北风，舰船被吹打到岬角上，约三百艘船损坏，两万名以上的士兵或是撞上礁石、溺水冻死，或是成为海怪的饵料（第六卷·44）。这件事在当时虽然未被记录为是神的帮助，但雅典人在十二年后再度想起了这件事。

---

[1] 又作古朴时期，大约为公元前800年至前480年左右，是在希腊艺术研究领域对古希腊的一个子历史时期的划分。

薛西斯的海军为备战铁尔摩披莱（温泉关）而碇泊在赛披亚斯岬附近时，原本晴朗的天空在天亮时分忽然大变，猛烈的东风袭击了波斯人的舰队，四百多艘船只与无数的士兵还有数不清的财宝都一同沉入了大海。这里所说的东风确切来说应该为东北风，住在南风的雅典人将其称为北风。还有一个传说——雅典人想起多年前阿托斯附近北风摧毁波斯舰队之事，便向北风和欧列图娅奉献牺牲，祈祷神明帮助他们摧毁异邦军的舰队（第七卷·189）。雅典传说中的王埃列克铁乌斯有一位女儿名为欧列图娅，北风之神波雷阿斯爱上她并掠走她，与她之间产下儿子，所以雅典人认为他们与北风有亲缘联系，故而向他祈求援助。

阿尔铁米西昂海战首日未决胜负，双方就此分开，而波斯海军回到碇泊地的部队在盛夏的夜晚遭到暴雨和雷鸣的袭击，另一部分为了截断雅典军退路而迂回埃乌波亚的部队遭遇暴风雨，撞到岩礁上遇难了。对此，希罗多德明确说道："这一切都是出自天意。因为这样一来，波斯的军力就和希腊的军力约略相当，而不是处于绝对优势的地位了。"（第八卷·13）

当蹂躏希腊本土并一路南下的波斯军逼近戴尔波伊时，任何人都不许触碰的神圣武器被从内室搬到了神祠前，霹雳及帕尔那索斯山的石块袭击波斯军，还出现了两个巨大的英雄（半神）追赶杀戮波斯的逃兵——这些均为神的助力。

而后，希罗多德借萨拉米斯海战的功臣铁米司托克列斯之口做出评论，如同总结这番见解一般——

我们击退了像云霞一样的这一大群敌人，救了我们自己和希腊，乃是意想不到的侥幸……要知道，取得了这场胜利的并不是我们，而是诸神和天上的英雄们。因为若让亚细亚和欧罗巴这样大的地方由一个人——何况还是个邪恶的不敬神的人——来统治，他们可是会很不愉快〔直译应为：嫉妒〕的。

——第八卷·109

再论克洛伊索斯的故事

上面我们看过了诸关键概念在《历史》当中是如何展开的，现在让我们重新回到克洛伊索斯的故事。如笔者前述多次提到，克洛伊索斯的故事位于《历史》卷首之后，提示了多个关键概念，并在描述克洛伊索斯的盛衰的同时向读者提示梦、神托、建言者等阅读上的主题。希罗多德首先通过克洛伊索斯第一次阐述了车轮观，之后即以该故事作为范式来记述波斯帝王的事迹。换而言之，他描述了同样的车轮载着历代波斯帝王旋转的过程。按照范例可预想的模式是——当波斯帝王对神尊敬虔诚、听从忠告时，命运的车轮是向上旋转的；而当他们错误地看待傲慢的前兆时，车轮就变为向下旋转。而且在这种转变的节点上经常出现跨界的主题。

三十五岁时继承王位的克洛伊索斯进攻小亚细亚沿岸的希腊人城邦并强迫他们纳贡，还想进一步进攻岛上的居民时，听取了智者比亚斯的讽谏而放弃了这个念头（第一卷·27）。但是当他将哈律司河以西的亚细亚居民都纳入自己的支配、达到繁荣的顶点之后，自大地认为自己是世界上最幸福的人，并因与梭伦的幸福问答而感到不悦（第一卷·33）。之后，他向戴尔波伊请示神托，询问是否可以出兵波斯，以及自己的统治权是否长久，但他两次都误解了神托（第一卷·56），甚至无视了智者桑达尼斯主张富有的吕底亚不应当攻打贫乏的波斯的忠告（第一卷·71）。当他终于越过不可逾越的界线，跨过哈律司河时，灭亡的前兆也不断出现。如出现了马吃蛇的异象，"若带着狮子巡行城壁，撒尔迪斯将固若金汤"的古老预言也以相反的形式得以实现，由于有一部分城壁在峭壁上，故而被认为绝不会受到攻击，士兵便没有带着狮子巡视这一部分，但这里偏偏成了波斯军的突破口，波斯人爬上绝壁攻进城中洗劫全城，而克洛伊索斯的哑巴儿子也突然能够讲话了。克洛伊索斯曾请示神托，得到的回答是他第一次听到儿子讲话时，将是不幸的一天——他儿子说的第一句话，是在撒尔迪斯被攻破后喊的不要杀死他的父亲。（第一卷·85）

但是，由于克洛伊索斯向戴尔波伊的神殿供奉了很多财宝，对神很虔诚尊敬，并且在最后关头想起了梭伦的话，所以虽然国家灭亡了，但他最终保留了性命——这是希罗多德的版本。或许这不是史实，但比起历史事实，希罗多德更倾向于通过让克洛伊索斯成为居鲁士的建言者来表达历史的含义。

而居鲁士的情况，直到征服吕底亚为止，车轮都是向上旋转的，巴比伦尼亚远征成了转折点，玛撒该塔伊远征时即呈现出下坡的趋势。居鲁士首次进攻撒尔迪斯时采用美地亚人哈尔帕哥斯的献策，使用骆驼部队得到成功（第一卷·80），而且当他要烧死克洛伊索斯时，还持有自己也同样是人的敬虔心和对梭伦所言的理解（第一卷·86）。不仅如此，在攻陷撒尔迪斯之后，他听取了克洛伊索斯关于阻止士兵掠夺城市财富的忠告，也采取了为了防范吕底亚人谋反而使他们文弱的计策（第一卷·155）。但在他进攻巴比伦时，不仅跨越了象征性界线金德斯河，并且威吓这条淹死他一匹神马的河流，命人将河流分割成360道泄水壕沟作为报复（第一卷·189）。在居鲁士远征玛撒该塔伊时，他想到自己不平凡的出生经历（参照第60页）而觉得自己并非凡人（第一卷·204），也不听从敌方女王托米丽司提出的"请满足于和平治理你自己的王国"的警告，而是听取了克洛伊索斯的不良"忠告"，不是将敌军引入波斯领土内，而是在对方领地内作战，并且使用了卑劣的美酒与盛宴的计谋。而在他即将跨越作为边界的阿拉克赛斯河前，他梦见未来的国王大流士肩上生出翅膀，遮住了亚细亚和欧罗巴，便恶意揣测大流士企图阴谋推翻自己。居鲁士再次无视托米丽司劝他回国的警告，最终战败而亡。因美酒与盛宴的奸计失去儿子的托米丽司找出居鲁士的尸体后割下他的首级，并扔到盛满血的皮革袋中，让他"饮个痛快"。（第一卷·214）

刚比西斯在统治之初计划出征埃及时，听取了向阿拉伯国王请教安全行军之方法的忠告（第三卷·4），也对战败的埃及国王普撒美尼托斯动了恻隐之心（第三卷·14）。但刚比西斯后来却将普撒美尼托斯之父阿玛西斯的遗体从墓地移出，并下令鞭尸

(第三卷·16),开始表露出异常之态,随后又无视埃西欧匹亚国王的忠告征讨埃西欧匹亚,却在沙漠中耗尽粮食,引发了士兵每十个人抽签出一个人给大家吃掉的惨状(第三卷·25)。之后刚比西斯来到孟斐斯,那里的人们因为圣牛阿庇斯的出现而举行祝祭,他却下令处死这些庆祝的希腊人,并且用短剑刺伤阿庇斯的腿部,而这正是他死亡场景的预示(第三卷·27–29)。刚比西斯又因为梦见弟弟司美尔迪斯会夺取自己的王位而杀死了司美尔迪斯,但最终他被同样名为司美尔迪斯的玛哥斯僧之弟篡夺了王位(参照第60页)。刚比西斯还跳到怀孕的妻子身上造成她流产死亡(第三卷·32),打开埃及人的坟墓并侮辱神像(第三卷·37),等等。他做出了许多疯狂的举动,最终在以前神托预言之地死去。刚比西斯原本以为他会在年迈时死在故乡阿格巴塔拿,而他实际客死于叙利亚的阿格巴塔拿(第三卷·64)。

但下一位帝王大流士却是个例外,他并不像克洛伊索斯故事的范例那样没落,而是被描述为得益于德行避免了覆灭的命运。当大流士为讨伐篡夺王位者而起兵之时,出现了七对鹰追赶并撕裂两对秃鹰的吉兆(第三卷·76);在他粉碎玛哥斯僧们的阴谋后,他从七位贵族中被选为国王时也出现了闪电和雷声等神的裁定(第三卷·86)。到了他征讨斯奇提亚时,不仅在博斯普鲁斯海峡[1]上架桥,越过了人类的界线,还无视弟弟阿尔塔巴诺斯不要出征的劝说(第四卷·83),他还自诩为最优秀和最高贵的人物(第四卷·91),等等,这些都是危险的征兆。而越过伊斯特河后,他听取了不要破坏舟桥的忠告(第四卷·97),也在经历

---

[1] 现刻赤海峡,连接黑海与亚速海。

了斯奇提亚的苦战之后遵从了功臣戈布里亚斯的撤退劝告（第四卷·134），虽艰难但还是渡过伊斯特河回到撒尔迪斯。

在那之后，美伽巴佐斯曾向大流士进言，认为允许希腊人希司提埃伊欧斯在色雷斯活动如同纵虎归山，非常危险，大流士听从了这个意见（第五卷·23）。这个希司提埃伊欧斯虽曾解救过大流士的危机，但之后却策划谋反，而在他死后，大流士厚葬了他（第六卷·30）。当曾经给大流士造成危机的米尔提亚戴斯之子被捕并被送到大流士面前时，大流士厚待了他（第六卷·41）。不仅如此，大流士对曾经对波斯人造成危害、他理应十分憎恶的埃列特里亚人也颇为温厚（第六卷·119）。可见，希罗多德是将大流士作为免受诸神嫉妒的人物来描述的。

从个人的车轮到帝国的车轮

继居鲁士、刚比西斯、大流士之后登场的薛西斯作为波斯战争的主人公，在《历史》当中占据了第七卷到第九卷的篇幅，而他也并非仅代表他个人的车轮，而是代表了波斯帝国命运的巨大车轮，而且这个车轮已经在开始向下旋转了。薛西斯召开御前会议表明要远征希腊时，其叔父阿尔塔巴诺斯曾直言表示，"两种意见摆在波斯人的面前，一种意见是想助长他们的傲慢情绪，而另一种意见是克服他们的这种傲慢情绪，并向他们指明，教给人的心灵在它已有的东西之外，总是不断贪求更多的东西，这是一件多么坏的事情"，而薛西斯却要选择最危险的那个意见（第七卷·16）。的确，在分隔欧罗巴与亚细亚的天然屏障海列斯彭特海峡[1]上架桥可谓人类傲慢的极致。但是促使薛西斯走向希腊远征道路的原因不仅存在于其内部，也存在其外部。

首先，薛西斯的表兄弟玛尔多纽斯因为想担任希腊的太守，所以极力劝说国王出兵。玛尔多纽斯曾受大流士之命去征服雅典，却在阿托斯湾遭遇暴风雨，失去了舰队。他表示，雅典对波斯做了很多坏事，必须受到惩罚，并且欧罗巴美丽肥沃，只有波斯国王才配拥有这块土地。不仅如此，希腊方面也有诱因。帖撒利亚的一个王族想以波斯作为后盾来扩大自己的支配权，同时雅典的佩西司特拉提达伊家也想借助波斯的支援重返雅典掌握权力。这些都起到了推波助澜的作用。

而内部原因则在于，薛西斯背负着遵守先人的遗法、不断努力扩大领土的宿命。薛西斯在御前会议中宣布要远征希腊时，曾因遭到阿尔塔巴诺斯的反对而很是恼怒，但到了夜里却对反对意见深感不安，反复思索后还是决定中止远征。但一个眉清目秀的高大男子却出现在他的梦里，威胁他说："如果你不立刻率军出征，你就会招致这样的后果：在短期间你虽然变得强大，可是很快你就又会衰微下去了。"（第七卷·14）阿尔塔巴诺斯解释为"梦里游荡在人们身边的那些梦中人，大多数就是人们在白天所想的那些东西"罢了。但当他穿着国王的衣服睡到国王的床上去后，同一个人也出现在他的梦中，威胁说"你是不

---

[1] 现达达尼尔海峡，连接黑海以及地中海的唯一航道，亚洲和欧洲的分界线之一。

是想劝说薛西斯不去征讨希腊……你这种力图扭转命运注定的事情的做法,使你不拘是在今后,还是在目前,都是不能逃避上天的惩罚的",并且像是要用灼热的铁把他的眼睛烧出来似的。于是阿尔塔巴诺斯也相信诸神注定了希腊的毁灭,同意远征希腊(第七卷·18)。

由此可见,虽然有诸多原因促成薛西斯决定远征希腊,但最重要的还是因为这是神的命令。老国王大流士在第一次波斯战争时失败,在准备下一次战争的途中死去。继承王位的薛西斯若是能做到大流士都未能达成的希腊征服,"就将会使波斯的领土和(宙斯居住的)苍天相接了,因为,如果我得到你们的助力把整个欧罗巴的土地征服,把所有的土地并入一个国家,则太阳所照到的土地便没有一处是在我国的疆界以外了"(第七卷·8)。即是说薛西斯能达到前所未有的地位。但这分明意味着薛西斯跨越了人类的界线,引起了神的嫉妒,只会招致神来"削平"他。

在有关薛西斯的描写当中出现的梦、忠告、前兆等主题都象征着车轮向下转动。决意要征讨希腊之后,薛西斯又做了一个梦,梦见他头上戴了一顶橄榄枝编成的王冠,王冠的枝叶蔓延、遮盖了全世界,而后这顶王冠消失了。玛哥斯僧错误地解释这个梦意味着全人类要成为国王的奴隶(第七卷·19)。当春天来临,波斯军正要出发之时发生了日食,玛哥斯僧又解释这是希腊人的城邦即将被毁灭的预兆(第七卷·37)。薛西斯未听取阿尔塔巴诺斯有关不应率领伊奥尼亚人去进攻他们的祖国雅典的建议(第七卷·51），在渡过海列斯彭特海峡后忽视了马生兔子——意为如马般进攻，却如兔子般逃回——的前兆（第七卷·57），也没听取阿尔泰米西亚关于与擅长海战的希腊海军一战既不利又无必要的忠告（第八卷·68）。当他在萨拉米斯海战失败之后，终于听取了玛尔多纽斯和阿尔泰米西亚的建言，决定返回亚细亚（第八卷·103）。但是留在希腊继续作战的玛尔多纽斯将军却不听从好的献策（第九卷·2及41），最终走完了本是薛西斯的通向覆灭的道路。

希罗多德的视角

通过上述这般对克洛伊索斯和波斯国王们的命运进行粗略回顾后，可发现两件事。其一，在居鲁士到薛西斯的四代国王统治期间，波斯帝国的版图不断扩大，而希罗多德的描写却是着重每一位帝王（大流士为例外）的繁荣与毁灭。其二，即使两次希腊远征都以失败告终，但波斯仍然是超大帝国，而《历史》的笔致却仿佛是波斯走向了毁灭。可以说，这两点强有力地显示了希罗多德将克洛伊索斯的故事作为范式将之后的叙述模式化了。

但是，克洛伊索斯的故事仅仅是成了历代波斯帝王命运的范例吗？不然。应该说，它是《历史》整体的范例。从宏观角度观察《历史》的结构时可发现，全书可分为三大部分，希罗多德的视角随之移动。下面参照第100页的分析再度列举一番。

第一部　序章—第一卷·94。希罗多德从战败的吕底亚方面记述克洛伊索斯与居鲁士的对决。

第二部　第一卷·95—第八卷·96。从居鲁士成为国王到刚比西斯、大流士的事迹，乃至薛西斯的萨拉米斯海战（第八卷·56-96），基本上从失败的波斯方面的视角进行记述（有少许例外）。

第三部　第八卷·44—终章。继续记述波斯的希腊征讨，但从希腊方面，特别是雅典方面展开的内容逐渐增多。

由于很难明确指出第三部的起点（第二部的终点），只能笼统地认为是波斯军集结于萨拉米斯海域、占领雅典、参加萨拉米斯海战（第八卷·42-96）这一部分，而笔者个人的意见则是将第八卷·44的谈及雅典人称呼的沿革部分作为转折点。在《历史》当中明确记录绝对年代的只有"当时卡里亚戴斯正是雅典的执政官"（第八卷·51，即公元前480年）这一处，这可以显示出希罗多德的视点从波斯方面转移到了雅典方面。

希罗多德将视点锁定在败者一方进行记述。而《历史》的第一部正是显示了一种范例，即号称世界首富的吕底亚越过哈律司河这一界线（第一卷·75），进攻贫瘠的波斯最终招致灭国。第二部接着展开，时过境迁，变得富强的波斯越过阿拉克赛斯河这一界线（第一卷·208）进攻不如波斯富有的玛撒该塔伊，以失败告终；之后，从全世界搜刮到财富的波斯越过海列斯彭特海峡这一界线（第七卷·55），进攻长年贫困的希腊而未能得逞。那么第三部所记述的又是什么呢？

希腊波斯战争本身的记述在公元前479年,即亚细亚势力在欧罗巴范围内的桥头堡塞斯托斯被雅典军攻陷时结束。薛西斯为了连接亚细亚与欧罗巴在海列斯彭特海峡上架起的桥被暴风雨摧毁(第八卷·117),这座桥的残骸被雅典人带回祖国,供奉在了神殿里(第九卷·121),由此不得跨越的自然的界线得到了修复。但是击退并追踪薛西斯的水师的希腊人当中很快出现了主张争夺波斯领土的意见(第八卷·108),事实上在不久之后,希腊人就爱琴海岛诸岛、小亚细亚沿岸、黑海沿岸等波斯领土争端问题产生了对立(第八卷·3)。特别具有象征性意义的是,富有强大起来的雅典进攻并威胁受制于贫困(penía)和无力(amechania)两位恶意的神的安多罗斯岛,却遭遇失败的事件(第八卷·111、121)。如今我们已经十分习惯希罗多德的笔法了,想必读到这里便能理解希罗多德的担忧——曾经承载着吕底亚和波斯旋转的车轮,如今承载着雅典的命运开始旋转了。

后　记

应该如何去遍览希罗多德笔下的这一广阔世界呢？以上是笔者个人游览"希罗多德"的纪行，但还有很多未能涉及的地方。想必有很多读者一提到希罗多德首先想到的会是马拉松战役、铁尔摩披莱（温泉关）战役、萨拉米斯海战等，而笔者却未曾解说这些著名战役，想必会让他们感到讶异吧。但是与修昔底德不同，希罗多德对战斗的描写并不详细。以马拉松战役为例。

波斯军攻陷埃列特里亚（位于雅典的北方、埃乌波亚岛上的城邦）后，在佩西司特拉托斯之子希庇亚斯（亡命中的独裁者，想借助波斯的力量重新统治雅典，参照第60—61页）的引导下向马拉松出航。得知此消息的雅典人从十个氏族当中各派出一位将领，带着他们的部队赶往马拉松。雅典虽然也向斯巴达人求援，但由于斯巴达人正处于献给阿波罗的卡尼亚节期间，表示不到一周后的满月之时无法出兵。前来援助的普拉铁阿人与雅典人共约一万，而敌军则有两倍之多。雅典的十位将领就是否应该作战产生了不同意见，但米尔提亚戴斯（雅典十位将领之一）的游说统一了作战的决定。在阵型的编排上，右翼根据习惯安排了军事统帅的部队，左翼则是普拉铁阿人的部队，但是由于他们将战线拉到与波斯军同样的长度，使得中央成为全军最薄弱的部分。

准备作战的列队配置完毕而牺牲所呈献的朕兆又是有利的，雅典人立刻行动起来，飞也似的向波斯人攻去。在两军之间，相隔不下八斯塔迪昂〔约 1400 米〕。当波斯人看到雅典人向他们奔来的时候，他们便准备迎击；他们认为雅典人是在发疯而自寻灭亡，因为他们看到向他们奔来的雅典人人数不但这样少，而且又没有骑兵和射手。这不过是异邦人的想法；但是和波斯人厮杀成一团的雅典人，却战斗得永难令人忘怀。因为，据我所知，在希腊人当中，他们是第一次奔跑着向敌人进攻的，他们又是第一次不怕看到美地亚的衣服和穿着这种衣服的人的，而在当时之前，希腊人一听到美地亚人的名字就给吓住了。

——第六卷·112

他们在马拉松战斗了很长的一个时候。异邦军在队列的中央部分取得了优势，因为进攻这一部分的是波斯人自身和撒卡依人。异邦军在这一部分占了上风，他们攻破希腊人的防线，把希腊人追到内地去。但是在两翼地方，雅典人和普拉铁阿人却得到了胜利。而在这样的情势之下，他们只得让被他们打败的敌人逃走，而把两翼封合起来去对那些突破了中线的敌人进行战斗。雅典人在这里取得了胜利并且乘胜追击波斯人，他们在追击的道路上歼灭波斯人，而一直把波斯人追到海边。他们弄到了火并向船只发动了进攻。

——第六卷·113

希罗多德还附言道,这场战役的战死者波斯方面有6400人左右,雅典方面为192人。悲剧诗人埃司库洛斯的兄弟库涅该罗斯就是在这场战役中因抓船尾时手被斧头砍掉而阵亡的。但他却没有记录有关"马拉松的起源"的传说,即传令兵穿着战衣从马拉松奔回雅典,大喊一声"我们胜利了"便筋疲力尽倒地而死的故事。提到这件事的作者是很久以后的普鲁塔克(《道德论丛》"雅典人的荣光"347C)与琉善(《问候中的错误》[1]三)。

修昔底德在伯罗奔尼撒战争爆发之初即预感到这将发展成一场前所未有的大战争,于是马上开始记录战争(《历史》一·1)。而在大约半个世纪前,希罗多德为何要特意调查并记述大约发生于自己诞生时期的希腊波斯战争呢?况且,他的记述不仅未止于大流士和薛西斯的两次远征,还追溯到了前代的刚比西斯和居鲁士,乃至更加久远前繁盛过的克洛伊索斯。可见比起战争本身,希罗多德更关心探究产生战争的法则。而希罗多德有关战斗的记述比较简单,除了距离战争已有近五十年、很难找到能准确记忆的人之外,更多是因为他本人的关注重点另有所在吧。

对希罗多德的批判意见当中常见的一种是认为其太过于"故事化"。其原因之一为,《历史》当中收录了很多有趣的故事。其二为,有很多登场人物进行精彩对话的场面,比起历史更像是戏剧或是小说。而且希罗多德在很多时候是借助登场人物之口来表

---

[1] 该书名为日译版本的命名,英文为 *A Slip of the Tongue in Greeting*。

达自己的思想，在这种场合下，希罗多德比起再现史实更加注重传达历史的含义。

亚里士多德曾论述道，诗作叙述普遍的事物，而历史讲述个别性的事物，所以诗作比历史更具有哲学性、更具有深层含义（参照第7页、第82页）。而希罗多德通过将《历史》创作为具备故事性（poiein）的作品，使其具备了更加普遍的哲学性。他所叙述的不是弱者打倒强者的政变的历史，而是大国自毁的历史。正如修昔底德认为只要人类的条件不变，则同样的事情会重复上演，为了记录这些事情而撰写了《历史》(《伯罗奔尼撒战争史》)一般，希罗多德也通过他的《历史》留下了一条可称之为永恒财富的重要讯息——只要"会走向傲慢的人类本性"与"削平一切过于高大东西的神之嫉妒"不变，人与国家就都会走向灭亡。

参考文献

文本

Godley, A. D., *Herodotus*, 4vols., London/New York, 1920–1924(Loeb Classical Library).

Hude, C., *Herodoti Historiae*, Ⅰ-Ⅱ, Oxford, 1927^3(1908)(Oxford Classical Text).

Legrand, Ph.-E., *Hérodote Histoires*, Ⅰ-Ⅺ, Paris, 1932–1954(Collection Budé).

Rosén, H. B., *Herodotus Historiae*, Ⅰ-Ⅱ, Stuttgart/Leipzig, 1987, 1997 (Bibliotheca Teubneriana).

如今较为容易入手的应该就是这四种了。有些出了新的版本，但我一直惯用于德（Hude）的版本。戈德利（Godley）的附有英文译文，勒格朗（Legrand）的附有法语译文以及简单的译注。

注释书·辞典

Abicht, K., *Herodotos*, 5Bde., Leipzig, 1876–1893(Für den Schulgebrauch).

Asheri, D./A. Lloyd/A. Corcella, *A Commentary on Herodotus Books I - IV*, Oxford, 2007.

Bowie, A. M., *Herodotus.Histories Book VIII*, Cambridge, 2007(Greek and Latin Classics).

Flower, M. A./J. Marincola, *Herodotus.Histories Book IX*, Cambridge, 2002(Greek and Latin Classics).

How, W. W./J. Wells, *A Commentary on Herodotus*, 2 vols., Oxford, 1912.

Lloyd, A. B., *Herodotus Book II*, 3 vols., Leiden, 1975–1988.

Macan, R. W., *Herodotus.The Fourth, Fifth, and Sixth Books*, New York, 1973(London, 1895).

Macan, R. W., *Herodotus. The Seventh, Eighth, & Ninth Books*, 2 vols., New York, 1973(London, 1908).

Powell, J. E., *A Lexicon to Herodotus*, Hildesheim, 1966(Cambridge, 1938).

Powell, J. E., *Herodotus Book VIII*, Cambridge, 1975(1939)(Pitt Press Series).

Scott, L., *Historical Commentary on Herodotus Book 6*, Leiden/Boston, 2005.

Shuckburgh, E. S., *Herodotos Book VI*, Cambridge, 1976(1889)(Pitt Press Series).

Stein, H., *Herodotos*, 5 Bde., Dublin/Zürich, 1968–1970(1856–1862).

其中，豪·韦尔斯（How-Wells）和施泰因（Stein）的作品作为正统的全注释，如今仍然非常有用。施泰因作品中语法和事项解说的平衡把握得很好，豪·韦尔斯的魅力在于多有民族学方面的注释。阿舍里、劳埃德、科希拉的从意大利语翻译成英语的作品虽然目前为止只刊行到第四卷，但其注释非常出彩，品质高且数量多。阿比希（Abicht）的版本中有语言学方面的注释，对首次用希腊语阅读希罗多德的读者颇为友好。鲍威尔［Powell, 1975（1939）］的版本中则有关于希罗多德的伊奥尼亚方言的简单解说。

翻译

de Sélincourt, A.(tr.), Herodotus. *The Histories*, Penguin Classics, 1954.

Feix, J., übers., *Herodot.Historien*, 2 Bde., München, 1963(Tusculum Bücherei).

Grene, D.(tr.), *The History.Herodotus*, Chicago/London, 1987.

Marg, W., übers., *Herodot.Geschichten und Geschichte*, 2 Bde., Zürich/München, 1973, 1983.

Rawlinson, G.(tr.), *The History of Herodotus*, 4 vols., London, 1858–1862.

Waterfield, R.(tr.), *Herodotus.TheHistories*, Oxford World's Classics, 1998.

青木巌訳、ヘロドトス『歴史』上・下、新潮社、一九六〇年（『古代東西争闘史』生活社、一九四〇年）。

松平千秋訳、ヘロドトス『歴史』上・中・下、岩波文庫、一九七一——一九七二年（筑摩書房世界古典文学全集、一九六七年）。

罗林森（Rawlinson）的版本被视为英译本中的标配，其解说和附录虽然都内容丰富，但其中有未翻译、被删节的部分，不知是否是由于违反了维多利亚王朝时代的公序良俗。费克斯（Feix）的德文译本和格勒内（Grene）的英文译本准确率非常高。松平的译文则是日文译本中难得的佳作，不仅在学问方面值得信赖，而且译文优美、文学性强。

残篇集

Jacoby, F., *Die Fragmente der griechischen Historiker*, Berlin/Leiden, 1923–.
内山勝利編『ソクラテス以前哲学者断片集』全六冊、岩波書店、一九九六——九九八年。

有关海卡泰欧斯、克特西亚斯等作品均散佚的历史学家的作品，则需要阅读雅各比（Jacoby）的珍贵著作《希腊历史学家残篇集》。这部残篇集由于雅各比的去世（1959年）而未能完成，但已刊行部分的英译工作目前正在进行当中。关于赫拉克利特、恩培多克勒等苏格拉底之前（或是苏格拉底派之外）的哲学家，迪尔斯-克里茨（Diels-Kranz）的《前苏格拉底哲学家残篇集》在内山胜利编撰的残篇集里得以被全部翻译，实属学界及读书界的一大幸事。

相关研究介绍

Bakker, E. J./I. J. F. de Jong/H. van Wees(eds.), *Brill's Companion to Herodotus*, Leiden/Boston/Köln, 2002.

Dewald, C./J. Marincola(eds.), *The Cambridge Companion to Herodotus*, Cambridge, 2006.

Marg, W.(hrsg.), *Herodot.Eine Auswahl aus der neueren Forschung*, Darmstadt, 1965(Wege der Forschung XXVI).

Bergson, L., "Herodot 1937–1960", *Lustrum*, 11, 1966.

Bubel, F., *Herodot-Bibliographie 1980–1988*, Hildesheim, 1991.

列举以下研究著作及研究论文列表的主要目的在于明确记录在本书中涉及的，以及作为议论基础的一些书籍和杂志等的资料。所以其中有一些粗看上去与希罗多德无关的资料，也会遗漏一些研究希罗多德的代表性著作。为了弥补这个缺陷，特此在本项中列举了一些具有代表性的研究入门资料。

两部 Companion 涵盖主题全面——先行文学对希罗多德的影响、知性传统、与悲剧的关系、文体与表达技巧、神话、故事、政治、宗教、道德、自然、各外国等——且内容非常丰富，提供了很多参考文献，在这方面而言非常便利。但遗憾的是无法在书中看到著者自身对希罗多德的解读。马尔格（Marg）编著（1965年）的则是一部论文集，其中收录了历史学方面的著名论文。伯格森（Bergson）和布贝尔（Bubel）的是不同主题的参考文献书目，其中伯格森的版本中有对应每一篇论文的短篇，颇为便利。

研究著作

Aly, W., *Volksmärchen, Sage und Novelle bei Herodot und seinen Zeitgenossen*, Göttingen, 1969²(1921).

Bunbury, E. H., *A History of Ancient Geography*, New York, 1959².

Cairns, D., *Bacchylides.Five Epinician Odes(3, 5, 9, 11, 13)*, F.Cairns, 2010.

Dodds, E. R., *The Greeks and the Irrational*, Berkeley/Los Angeles/London, 1971（1951）.（岩田靖夫・水野一訳『ギリシア人と非理性』みすず書房、一九七二年）

Fehling, D., *Die Qellenangaben bei Herodot.Studien zur Erzählkunst Herodots*, Berlin, 1971(*Herodotus and his 'Sources'. Citation, Invention and Narrative Art*, tr. by J. G. Howie, Leeds, 1989).

Flower, M. A., *Theopompus of Chios.History and Rhetoric in the Fourth Century BC*, Oxford, 1994.

Fornara, Ch. W., *Herodotus.An Interpretative Essay*, Oxford, 1971.

Grimm, J., *Deutsche Mythologie*, Göttingen, 1854³.

Hellmann, F., *Herodots Kroisos-Logos*, Berlin, 1934.

Heni, R., *Die Gespräche bei Herodot*, Verlag Heilbronner Stimme, 1977.

Immerwahr, H. R., *Form and Thought in Herodotus,* Cleveland, 1966.

Kahn, Ch. H., *Anaximander and the Origins of Greek Cosmology*, New York, 1960.

Marincola, J., *Authority and Tradition in Ancient Historiography*, Cambridge, 1997.

Marincola, J., *Greek Historians*, Oxford, 2001(Greece & Rome New Surveys in the Classics).

McKechnie, P. R./S. J. Kern, *Hellenica Oxyrhynchia*, Aris & Phillips, 1993.

Momigliano, A., *The Classical Foundations of Modern Historiography*, Berkeley/Los Angeles/London, 1990.

Myres, J. L., *Herodotus.Father of History*, Oxford, 1953.

Norwood, G., *Pindar*, Berkeley/Los Angeles/London, 1956.

Pearson, L., *Early Ionian Historians*, Oxford, 1939.

Pohlenz, M., *Herodot. Der erste Geschichtschreiber des Abendlandes*, Stuttgart, 1973(Leipzig, 1973).

Pritchett, W. K., *The Liar School of Herodotos*, Amsterdam, 1993.

Ranulf, S., *The Jealousy of the Gods and Criminal Law at Athens*, London/Copenhagen, 1933.

Thomas, R., *Herodotus in Context.Ethnography, Science and the Art of Persuasion*, Cambridge, 2000.

Uther, H.-J., *The Types of International Folktales.A Classification and Bibliography(Based on the System of Antti Aarne and Stith Thompson)*, 3 vols., Helsinki, 2004.

Winternitz, M., *A History of Indian Literature*, II, New Delhi, 1972(Calcutta, 1993).

青木巌『ヘロドトスの『歴史』と人』生活社、一九四二年。

池田弥三郎『おとこ・おんなの民俗誌』講談社文庫、一九七四年。

内山勝利編『哲学の歴史1 哲学誕生——古代I』中央公論新社、二〇〇八年。

桜井万里子『ヘロドトスとトゥキュディデス——歴史学の始まり』山川出版社、二〇〇六年。

田中美知太郎『古典への案内』岩波新書、一九六七年(「ヘロドトス──歴史の成立」の章)。

中務哲郎『物語の海へ──ギリシア奇譚集』岩波書店、一九九一年。

藤縄謙三『歴史の父 ヘロドトス』新潮社、一九八九年(魁星出版、二〇〇六年)。

前田耕作『アジアの原像──歴史はヘロドトスとともに』NHKブックス、二〇〇三年。

松平千秋『ホメロスとヘロドトス──ギリシア文学論考』筑摩書房、一九八五年。

研究论文

Bischoff, H., *Der Warner bei Herodot*, Marburg, 1932(Inaugural-Dissertation).

de Romilly, J., "Cycles et cercles chez les auteurs grecs de l'époque classique", in: J. Bingen et. al.(éd.), *Le monde grec.Hommages à Claire Préaux*, Bruxelles, 1978.

de Ste. Croix, G. E. M., "Herodotus", *Greece & Rome*, NS.24-2, 1977.

Jacoby, F., "Herodotos", Pauly-Wissowa, *Realencyclopädie der classischen Altertumswissenschaft*, Suppl. II, Stuttgart, 1913(*Gricheische Historiker*, Stuttgart, 1956).

Krischer, T., "Herodots Prooimion", *Hermes*, 93, 1965.

Meyer, E., "Geschichtsauffassung", 1901, in: W. Marg(hrsg.), *Herodot*.

Momigliano, A., "The Place of Herodotus in the History of Historiography", *History*, 43, 1958.

Nöldeke, Th., "Zu Herodot 3, 119(Sophokles Antigone 903-913)", *Hermes*, 29, 1894.

Paris, G., "Le conte du trésor du roi Rhampsinite. Étude de mythographie comparée", *Revue de l'histoire des religions*, 55, 1907.

Penzer, N. M., "The Tale of the Two Thieves", in: id., *Poison-Damsels and Other Essays*, London, 1952("The Origin of the Story of Ghata and Karpara", in: C. H. Tawney(tr.), *The Ocean of Story*, vol.5, 1927²).

Pischel, R., "Zu Sophokles Antigone 909-912", *Hermes*, 28, 1893.

Regenbogen, O., "Herodot und sein Werk.Ein Versuch", 1930, in: W. Marg(hrsg.), *Herodot*.

Saintyves, P., "L'anneau de Polycrate", *Revue de l'histoire des religions*, 66, 1912.

Stahl, H.-P., "Learning through Suffering? Croesus' Conversations in the History of Herodotus", *Yale Classical Studies*, 24, 1975.

Tawney, C. H., "A Folk-Lore Parallel", *The Indian Antiquity*, 10, 1881.

Tawney, C. H., "Indian Folklore Notes from the Pali Jataka and the Katha Sarit Sagara", *The Journal of Philology*, 12, 1883.

阿部拓児「ペルシア帝国期小アジアにおける文化・社会・歴史叙述」博士学位論文、京都大学文学部、二〇〇八年。

田中於莵彌「説話の流伝——エジプトから日本へ」『酔花集——インド学論文・訳詩集』春秋社、一九九一年。

中務哲郎「ヘロドトスの「世界の均衡」と「キュクロス観」について」科学研究費補助金研究成果報告書『古典古代における神と人間』一九八〇年。

中務哲郎「ヘロドトス『歴史』の序文・終章・キュクロス観」『西洋

古典学研究』三四、一九八六年。

中務哲郎「ペリアンドロスの物語」科学研究費補助金研究成果報告書『古代小説の発生と展開に関する研究』二〇〇六年。

中務哲郎「古代ギリシア人の世界意識と歴史記述」京都大学文学部創立百周年記念論集『グローバル化時代の人文学』上、京都大学学術出版会、二〇〇七年。

松原秀一「ランプシニトス王の宝」『中世の説話』東京書籍、一九七九年。

柳田国男『日本の伝説』一九二九年(『定本柳田国男集』二六、筑摩書房、一九六四年)。

　　我的希罗多德观是在我写作相关论文（1980年、1986年）时成形的，在那之后并未有什么变化和进展。而影响我最深的是雷根伯根（Regenbogen）的论文（1930年）和伊默瓦尔（Immerwahr）的书籍（1966年）。雷根伯根的观点为，伊奥尼亚地区接近东方的先进文明，并且充满了启蒙主义和探究精神，而成长于此的希罗多德后来前往雅典，在雅典受到形而上学性的、宗教性的观念的影响，这双方的影响在他的知识体系中合而为一，促使他著成《历史》。这种观点或许有些图式理论的特质，但这成为我阅读希罗多德时的基本姿态。伊默瓦尔则认为比起希罗多德关于宗教、社会制度、著作目的等方面的言论，更重要的是理解《历史》的结构和构想中出现的思想，并且对模式化的记述进行了分析。虽然很多研究著作都涉及《历史》的记述模式，但伊默瓦尔的分析最为详尽。

藤绳的著述（1989年）是一部巨著，用1500页的篇幅探讨希罗多德2000页的内容。他的著作可以说是日本西洋古典学领域的纪念碑级别的成果，书中有诸多藤绳先生的独到见解。前田的著述（2003年）聚焦吕底亚王国，阿部的论文（2008年）则尝试尽可能地复原克特西亚斯，这都是比较罕见的研究。而说到罕见，本书中涉及对民间故事类要素的重视，这一部分也算罕见。这方面而言，阿利的著述是唯一的专论，而田中的著述（1991年）当中也从希罗多德书中摘取了六个故事进行论述。

关于"对希罗多德的评价的变迁"，迈尔斯（Myres）的著述（1953年）在第二章（"Herodotus and his Critics"）中、莫米利亚诺（Momigliano）的论文（1958年）以及藤绳的著述第五部《死后的生命》是很好的参考。现代历史学家当中，E. H. 卡尔（E. H. Carr）《历史是什么》（清水几太郎译，岩波新书，1962年）和R.G. 科林伍德（R. G. Collingwood）《历史的观念》（小松茂夫、三浦修译，纪伊国屋书店，1970年）等给予希罗多德很高的评价。

松平千秋先生翻译的《历史》是1967年7月20日面世的，而当时大学三年级的我为了躲避京都的酷暑去了乡下，所以未能马上阅读，待8月末回到京都后立马购入该书，一边详细地做笔记一边阅读。在暑假刚结束的松平研究室里，他的助手北岛美雪问我是否已经买了先生翻译的希罗多德，我回答已经读完了。先生问我花多久读完的，我回答花了五天。谁知先生沉默了一会儿，随后说道："我翻译那本书可是花了三年啊。""书物诞生"系列的编辑之一杉山正明先生曾表示他在高中时花了三天读完松平先生翻译的《历史》(京都大学西洋古典研究会编《松平千秋先生追悼文集》,2007年)。希罗多德正是具有如此巨大的魅力。我一直都想尝试揭示这种魅力的源头,在此想向给予我这个机会的诸位编辑、内山胜利先生、丘山新先生、杉山正明先生表示感谢。岩波书店的杉田守康先生原本期待我能在他退休前完稿,而我却未能如期交稿,实在是万分抱歉。但是杉田先生在等待我交稿期间不仅将相关琐事全部打理好,并且给予我诸多建议,在此表示由衷感谢。

中务哲郎
2010年6月